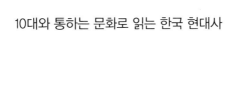

10대와 통하는 문화로 읽는 한국 현대사

10대와 통하는

문화로 읽는 한국 현대사

제1판 제1쇄 발행일 2014년 11월 13일
제1판 제5쇄 발행일 2021년 11월 3일

글 _ 이임하
기획 _ 책도둑(박정훈, 박정식, 김민호)
디자인 _ 토가 김선태
펴낸이 _ 김은지
펴낸곳 _ 철수와영희
등록번호 _ 제319-2005-42호
주소 _ 서울시 마포구 월드컵로 65, 302호(망원동, 양경회관)
전화 _ (02)332-0815
팩스 _ (02)6003-1958
전자우편 _ chulsu815@hanmail.net

ISBN 978-89-93463-59-0 43910

철수와영희 출판사는 '어린이' 철수와 영희, '어른' 철수와 영희에게
도움 되는 책을 펴내기 위해 노력하고 있습니다.

10대와
통하는

문화로 읽는
한국 현대사

이임하 지음

철수와영희

우리 가까이에서 현대사를 찾아보자

한국 현대사를 10대와 어떻게 이야기하면 좋을까 생각하다 딸아이가 떠올랐어. 고등학생인 딸아이는 인터넷에서 옷 구경하고 패션 잡지 보는 일을 좋아해. "너무 많이 보는 것 아니야?"라고 주의를 주기도 하는데, 주위에서도 "뭐 그런 책을 봐?"라는 소리를 자주 들었대. 다른 친구들처럼 책을 즐겨 읽는 편이 아니어서 어려운 단어를 이해하지 못할 때도 있고 정치나 경제의 흐름을 따라가기도 힘들어하지. 그것 때문에 '사회를 잘 모른다'는 스트레스를 엄청 받는대. 옷을 좋아해 옷 만드는 일을 하고 싶은데 그런 자신을 인정해 주지 않아 속상한가 봐. 자신이 하고 싶은 일을 찾아가면서 그 일을 하찮은 일로 여기는 주변의 시선을 많이 느꼈던 것 같아.

역사를 공부한다는 나도 한때는 그렇게 생각했어. 아이가 인터넷 사이트를 한참 들여다보거나 '거리 패션'과 관련된 잡지를 사오면 투덜거리곤 했거든. 사회를 이해하려면 정치와 경제에서 출발해야 한다 생각했지. 그렇게 아이와 부딪치면서 세상을 바라보는 방법이 조금 바뀌었어. 속상해하는 아이에게 밥상에 차려진 밥과 반찬으로도 정치와 경제, 사회와 문화를 이야기할 수 있고 거기에도 역사가 있다고 말했어. 그리고 즐거움을 찾을 수 있는 일에서, 하고 싶은 일에서 역사를 찾으라고 했지.

이 책은 '이런 것도 역사야?', '이게 뭐가 그리 중요하지?'라고 여겨질 꼭지들 속에서 역사에 말을 거는 방식으로 구성했어. 먹을거리, 대중매체, 금지, 선거, 교육, 건강, 주거, 슬로건, 일탈, 상징과 기념일이라는 꼭지로 자본을, 문화를, 국가를, 정치를, 사회를, 몸을, 생활을, 심성을, 경계를, 정체성을 말하고 싶어. 이런 문제들이 어떻게 한국 현대사를 꿰뚫고 있는지도 말이야.

이 꼭지들 속에서 지금 살고 있는 한국 현대사가 읽혔으면 해. 자신이 가장 잘 알고 할 수 있는 곳에서 한국 현대사를 시작하는 것도 '자신'과 '사회' 그리고 '역사'를 이해할 수 있는 한 방법이거든. 이 책이 역사에 대한 관심을 넓히는 징검다리가 됐으면 좋겠네.

2014년 가을
이임하

차례

4장 선거와 정치

5장 사회와 교육

6장 몸과 건강

7장 주거와 생활

8장 슬로건과 심성

1장

먹을거리와 자본

01

밀가루와 설탕

오늘날 밀가루와 설탕은 하루도 거르지 않는 가장 흔한 먹을거리야. 그런데 할머니 세대에도 밀가루와 설탕이 주요한 먹을거리였을까? '절대' 아니야. 그렇다면 언제부터 우리 생활과 떨어질 수 없는 먹을거리가 됐을까? 그 유래를 더듬으려고 멀리까지 올라갈 필요는 없어.

밀은 신라와 백제 유적지에서 탄화된 밀이 발견된 것으로 보아 삼국 시대부터 재배되었대. 하지만 값이 비싸서 잔치 때가 아니면 먹을 수 없었지. 우리의 옛 음식 종류에도 밀가루를 주원료로 사용한 음식은 밀전병·유밀과 같은 별식이나 간식이었어. 밀은 상당히 귀한 곡물이었지. 이렇게 귀한 밀이 우리 주식으로 자리 잡기 시작한 것은 한국전쟁 때부터였어. 밀가루가 미국의 원조 물자로 들어오면서 국수나 빵이 만들어졌고, 가정에서는 수제비나 칼국수 따위를 만들어 먹었지.

이 시기에 제공된 원조 물자의 41%가 식료품이었어. 특히 농산물

식량 원조를 강조한 포스터야.

▲ 미국의 원조

가운데 밀이 40% 이상이었고, 나머지는 옥수수·콩·설탕·분유·버터
따위로 우리나라 사람들의 기호나 식생활과는 동떨어진 품목이 주를
이루었지.

　그 결과 우리나라 밀농사는 자취를 감추게 됐어. 〈표 1〉에 나타난 쌀

과 밀의 자급률을 보자. 1965년 밀농사의 자급률은 27%였는데 10년 뒤인 1975년에는 5.7%로 떨어졌어. 그리고 1980년에 4.8%, 1985년에 0.3%, 1990년에 0.1%로 감소됐단다.

〈표 1〉 **연도별 곡물의 자급률**(단위 : %)

구분	1965년	1970년	1975년	1980년	1985년	1990년
전체 곡물	93.9	80.5	73.0	56.0	49.2	43.8
쌀	100.7	93.2	94.6	95.1	103.4	108.3
밀	27.0	15.4	5.7	4.8	0.3	0.1

정영일, 「한국농업의 현황과 당면과제」, 박현채 외, 『한국농업문제의 새로운 인식』, 돌베개, 1984, 58쪽.
한국농촌경제연구원, 「식품수급표 1993」, 1994, 170~171쪽.

설탕은 고려시대에 송나라에서 후추와 함께 들어왔어. 처음엔 약재로만 사용되다가 일부 양반 계층의 사치스러운 기호품이 되었지. 그래서 우리 조상들은 단맛을 낼 때 주로 꿀이나 조청을 썼단다. 오늘날 우리는 사탕·과자·빵·청량음료 따위에서 설탕을 섭취하고, 가정에서 부식을 준비할 때 설탕을 넣지. 설탕이 대중 식품으로서 보급되기 시작한 것도 한국전쟁 때부터였어.

밀가루와 설탕이 주요 먹을거리로 자리 잡은 까닭은 한국전쟁 이후 미국의 원조를 바탕으로 일어났던 산업 때문이야. 밀가루를 만드는 제분산업과 설탕을 만드는 제당산업은 1950년대 우리나라의 중심 산업이었지.

02

삼백산업

혹시 '삼백(三白)산업'이라는 말을 들어본 적 있어? 삼백산업은 제분·제당·면방직 산업의 생산품인 밀가루·설탕·면직물이 모두 흰색이라고 해서 붙여진 이름이야. 삼백산업은 모두 외국에서 들여온 원재료를 가공해서 판매했어. 그래서 삼백산업은 나날이 번창했지만 국내의 밀 농업과 목화 재배는 갈수록 쇠퇴했단다.

삼백산업이 어떻게 번창했는지 알아볼까? 제일제당의 성공을 토대로 오늘날 재벌이 된 삼성그룹의 창업자인 이병철은 이렇게 말했어.

나는 이날로부터 비로소 사업가로서의 긍지를 가질 수 있게 된 것이었다. 모든 것이 불안스러웠던 전쟁의 와중에서 우리의 힘으로 외래품에 조금도 뒤지지 않고 설탕을 생산하겠다는 나의 계획은 헛된 꿈이라고 보는 사람들도 많았다. 그러나 나는 기어이 내 꿈을 실현시키고야 말았다.
(한국일보사,『재계회고 1』, 1981, 315쪽)

1953년 이병철 회장이 설립한 제일제당에서 만든 설탕은 생산되기

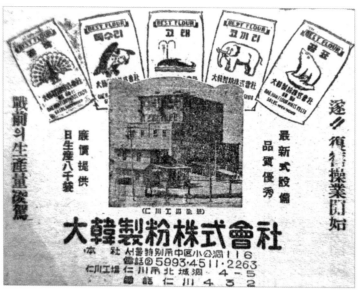

▲ 대한제분 밀가루 광고

▲ 조선제분 밀가루 광고

대한제분과 조선제분의 밀가루 광고야. 광고 내용은 비슷하네. 공장을 보여주고 그곳에서 생산되는 밀가루 상품을 나열하고 있어. 조선제분의 상표는 무궁화표 · 별표 · 학표 따위인데, 대한제분은 공작 · 독수리 · 고래 · 코끼리 · 곰 따위로 동물 이름을 붙였네.

가 무섭게 팔려나갔어. 엄청난 순이익을 남겼지. 이러한 성공은 미국의 원조와 정부의 특혜로 가능했단다. 정부는 미국의 원조로 들여온 밀과 원당(설탕을 만드는 원료)을 가공 시설을 많이 갖춘 자본가(기업)에게 먼저 나누어주었어. 그 때문에 자본가들은 싼 가격으로 원료를 독점할 수 있었지. 제분산업은 대한제분, 조선제분, 제일제분이 50% 이상을 차지했고, 제당산업은 제일제당이 3분의 2 이상을 차지하고 나머지는 동양제당과 삼양제당이 나누어가졌어. 이처럼 제당·제분 산업은 몇몇 대기업에 독점됐단다. 독과점은 자유경쟁이 아니라 정부의 특혜 아래 처음부터 중소기업을 배제하면서 이루어졌지.

제일제당은 1953년부터 1955년까지 국내에 하나뿐인 제당 회사로

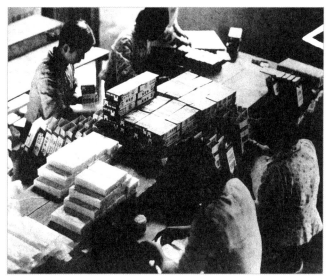
▲ 각설탕 포장 작업

서 설탕 시장을 독점했어. 1954년의 경우 불입자본(주주들이 회사에 납입한 자본금)에 대한 순이익의 비율이 무려 812%로 유례를 찾기 힘든 수준이었지. 〈표 2〉에 따르면 제일제당은 1950년대 내내 생산된 설탕을 모두 팔았어. 재고 없는 생산은 1960년대까지 이어졌어.

〈표 2〉 **설탕 생산 및 판매 실적**(단위 : 톤)

연도	제일제당		전국		제일제당 점유율
	생산	판매(국판)	생산	판매(국판)	
1953년	646	—	646	—	
1954년	9,635	9,635	9,635	28,923	33.3
1955년	26,203	26,203	26,740	40,695	64.4
1956년	32,567	32,567	61,938	66,938	48.7
1957년	12,990	12,990	31,319	34,292	37.9
1958년	27,838	27,838	51,052	51,052	54.5
1959년	37,402	37,402	59,605	60,195	62.1
1960년	43,823	47,350	64,635	68,572	69.1
1970년	107,442	98,426	207,097	200,265	49.1
1980년	379,696	200,317	757,471	409,601	48.9

제일제당주식회사, 『제일제당 30년사』, 1983, 523쪽.
위 표에서 전국 판매는 원조 물자와 다른 기업에서 생산된 것을 합한 것임.

1960년 우리나라의 밀가루 생산량은 1953년의 100배에 이르렀어. 그런 만큼 값도 싸졌고, 값싼 밀가루로 만든 찐빵·풀빵(국화빵)·빈대

떡·만두·국수 따위의 먹을거리가 날개 돋친 듯 팔렸어. 누구에게나 사랑받는 짜장면도 이때 널리 퍼졌지. 예전에는 특별한 날에만 밀가루 음식을 먹었는데 한국전쟁 뒤 값싼 밀가루 덕분에 짜장면이 한국인이 가장 좋아하는 외식으로 각광을 받게 된 거야.

밀가루 음식을 즐겨 먹은 지가 100년도 안 되는데 이제 우리 식탁을 온통 차지해 버렸어. 이것들이 우리의 주요 먹을거리가 된 까닭은 농산물 중심으로 이루어진 미국의 경제원조, 삼백산업, 대자본에 대한 특혜 때문이야. 미국의 농산물 원조는 자기 나라의 잉여농산물을 처리하기 위해서였어. 한국에 제공된 솜이 1935~1936년에 생산된 것일 만큼 미국의 농업 문제가 심각했거든. 여하튼 미국은 농산물 원조를 통해 만성화된 농업공황을 해결했어. 물론 미국에서 들어온 농산물은 식량문제를 해결하는 데 도움을 주었어. 그렇지만 잉여농산물의 원조로 인해 국내산 농산물 가격이 떨어져 농가 소득이 낮아졌고 농민들의 생산 의욕도 줄어들었지. 그리고 밀이나 면화 농사를 더는 짓지 않게 되었어.

그러니까 이런 먹을거리들과 소비는 한국 자본주의의 형성과 긴밀하게 관련되어 있는 셈이지. 몇 년 전부터 우리밀 농사를 짓는 사람들이 늘어났지만 오늘날 우리가 먹는 밀가루의 대부분은 여전히 외국에서 들어온 거야.

03

보릿고개와 꿀꿀이죽

오늘날 인터넷 실시간 검색어는 몇 분마다 바뀌지? 그만큼 많은 정보가 쏟아져 나오고 사람들의 관심도 다양하기 때문이야. 아마 1950년대에 인터넷이 있었다면 3월부터 6월까지 실시간 검색어로 언제나 떠오르는 단어는 '절량농가(絕糧農家)'일 거야. 절량농가는 말 그대로 식량이 떨어져 굶고 있는 농촌 가구를 뜻해. 어느 정도였는지 사정을 알아보자.

> 1952년 경북 한 곳을 갔더니 동리 사람의 대부분이 쑥도 먹지 못하고 굶어 몸은 터지게 붓고 심지어 흰 흙을 여러 가지 풀잎과 같이 씹고 있다. 솥에 낟알 곡식이 들어가지 못한 지가 40일이다 혹은 60일이다 하고 허리띠를 졸라매고 죽을 근력도 없어 자살도 하지 못한다는 말을 들었다.(신중목, 『전환기에 선 농촌문제』, 국민교양협회, 1954, 68쪽)

그때의 농림부 장관이 지방을 돌아다니며 본 모습을 기록한 거야. 전쟁 중이어서 식량이 부족했을까? 물론 그렇다고 답할 수도 있지만 절량농가에 대한 기사는 1950~1960년대 내내 신문의 사회면에 빠지지 않는 단골 기사였어.

28일 농림부에서 알려진 바에 의하면 지난 24일 현재의 전국의 절량농가 호수는 3월 말에 비해 24,600호가 증가되어 458,300호에 달하고 있다 한다. 즉 각 도 조사에 의거한 호수는 지난 3월 말 현재로 433,700호이던 것이 4월에 이르러서는 458,300호로 증가되고 있으며 또한 맥령기인 5월에 들어서는 약 6만 호가 늘 것이 예측되고 있어 조속한 당국의 구호 대책이 요청되고 있는 것이라 한다.(〈경향신문〉, 1955년 4월 30일)

'영남 일대의 절량민은 6할'
이미 절량 상태에 빠지게 된 태반의 영세 농가에서는 줄을 이어 이농하는 사실이 현저히 나타나고 있는가 하면 이농치도 못하는 이들 절량농민들은 다만 연명을 위하여 산으로 들로 채식을 위해 방황하는 실태에 있다. 이러한 참담한 현실에 놓여 있는 절량농민들 중에는 심지어 '삶'에 허덕이다 일가 자살을 기도하는 참상이 벌어지는가 하면 나이 어린 소년이 산에서 '칡뿌리'를 캐다가 폭발물에 의하여 죽어가는 비극 등이 연출되고 있어 이 사회에 커다란 문제로 화하여지고 있다.(〈경향신문〉, 1957년 3월 25일)

위의 기사는 절량농가가 증가하고 있다는 이야기와 절량농민들의 힘겨운 생활을 말해주고 있어. '보릿고개'라는 말은 들어봤지? 농촌에서는 3월이 되면 식량이 모두 떨어지기 시작한단다. 이때부터 보리를 거두는 6월까지 쑥, 냉이, 칡뿌리 같은 먹을거리를 찾아 산으로 들로 온 가족이 쏘다녔어. 그렇게 들에서 캐온 쑥이나 냉이를 넣고 보리 몇 알을 넣어 묽은 죽을 끓이는데, 이게 나물죽이야. 요즈음 음식점에서 파는 죽과는 사뭇 다르지. '초근목피(草根木皮)'라는 말이 있잖아. '풀뿌리와 나무껍질'이란 뜻으로, 먹을거리가 떨어졌을 때 이것들로 생활하는 형편을 소개할 때 자주 쓰는 단어이지. 풀뿌리는 나물죽을 해서 먹었는데 나무껍질은 어떻게 먹었을까? 나무껍질로 만든 대표적 음식이 송기죽이야. 송기죽은 소나무 속껍질을 삶아 우려낸 뒤 수수·조·메밀 따위의 곡물을 넣어 만든 거야. 그런데 이런 나물죽과 송기죽도 하루 한 끼 정도 먹었을 뿐 맘껏 못 먹었어.

이렇게 농촌에서는 나물죽을 먹는 동안 도시에서는 꿀꿀이죽이 사람들의 허기진 배를 채워주었지.

보통 돈벌이가 안 되는 날은 '꿀꿀이죽'이다. '꿀꿀이죽'이란 다름 아니라 미군 부대 취사반에서 미군들이 먹다 버린 찌꺼기들을 주워 모아 한국 종업원이 내다 판 것을 마구 끓여댄 잡탕죽이다. 단돈 10환이면 철철 넘게 한 그릇을 준다. 잘 맞다들리면 큼직한 고깃덩어리도 얻어걸리는 수가 있지만 때로는 담배꽁초들이 마구 기어나오는 수도 있다. 대개 '꿀꿀이죽'은 아침이 한창, 한 가마 끓여도 삽시간에 낼름 팔리고 만다.(《동아일보》, 1960년 12월 22일)

남대문시장의 노점 음식점에서 꿀꿀이죽을 파는 모습을 소개한 기사야. 꿀꿀이죽은 미군들이 먹다 버린 음식 찌꺼기를 모아 다시 끓여낸 것인데 'UN탕'이라고도 불렀어. 허기진 때 서민들의 배를 채워주었던 음식이지.

꿀꿀이죽은 시간이 지나면서 '부대찌개'라는 먹을거리로 변했어. 미군 부대에서 흘러나온 햄, 소시지, 다진 고기, 통조림 콩, 치즈 따위에 고추장, 김치, 떡을 넣고 물을 부어서 끓인 게 부대찌개의 시작이었지. 그래서 부대찌개는 주로 미군 부대 근처에서 많이 팔았어. 그러다가 차츰 부대찌개 조리법이 자연스럽게 퍼지기 시작하면서 오늘날 많은 사람이 찾는 음식으로 자리 잡았지.

원조 물자나 미군 부대에서 흘러나온 물건은 남대문시장이나 동대문시장에 가면 쉽게 살 수 있었단다. 초콜릿, 토마토케첩, 스테이크, 옥수수 통조림, 고형(固形) 우유 따위의 먹을거리는 지금이야 흔하지만 그때까지만 해도 우리나라 사람에게는 낯설었지.

04

라면과 밀 가공식품

오늘날 라면은 한국인이라면 누구나 즐기는 간식거리이지. 그 라면이 한때는 끼니를 때우는 주식으로 사람들의 허기를 달래주었어. 사법시험에 합격한 가난한 고학생이나 세계를 제패한 운동선수들의 성공 이야기에는 으레 "어려운 시절 라면을 먹고 견딜 수 있었다"는 말이 전해지잖아. 우리나라에서는 1963년에 삼양식품이 처음 라면을 생산했는데 지금은 세계 1위의 생산국이면서 소비국이야.

이렇게 라면이 주요한 먹을거리로 자리 잡은 데에는 당연하게도 제분산업과 밀가루를 원료로 하는 가공식품의 성장이 뒷받침됐어. 밀가루를 원료로 하는 가공식품은 라면만이 아니야. 공장에서 대량생산되는 간장, 고추장, 된장, 막걸리도 모두 여기에 포함돼.

간장, 고추장, 된장 따위의 발효식품은 우리나라를 대표하는 먹을거리이지. 이 가운데 간장이 가장 먼저 대량생산됐단다. 일제강점기 때 일본 자본가들이 간장을 공장에서 생산했어. 그래서 지금도 '왜간장'이

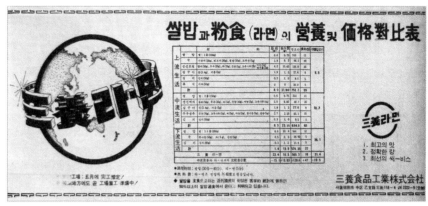

▲ 라면 광고

'쌀밥과 분식(라면)의 영양 및 가격 대비표'를 보여주면서 모든 면에서 라면이 최고라고 광고했네. 심지어는 "쌀밥을 주식으로 하는 근대 국민의 위암은 의학적 통계에 의하면 50% 이상이 쌀밥 까시에서 온다고 판명되고 있습니다"라는 문구도 있어.

라 부르는 이들도 있지. 이것은 값싼 밀을 원료로 쓰는 아미노산간장이었어. 아미노산간장은 밀가루, 콩깻묵, 아미노산에 소금으로 간을 맞추고 재래식 간장의 색과 맛, 향기를 내는 화학약품을 첨가해 만든 거야. 1950년대에 전국에 보급될 만큼 대량생산된 간장은 콩으로 만들지 않았기 때문에 간장을 만든 뒤 된장을 만들 수 없었지.

단맛이 강한 밀은 간장뿐만 아니라 고추장과 된장의 원료로도 사용됐어. 생활의 편리함을 좇으면서 장류 제조 산업은 빠르게 성장했지. 간장, 고추장, 된장 같은 가공식품의 성장은 '집안마다 다른 장맛' 대신에 어느 집이나 똑같은 장맛과 음식 맛에 익숙하게 만들었지.

쌀로 만들었던 막걸리도 밀을 원료로 해 제조됐어. 그래서 값싼 막

◀ 간장 광고

'양원'이라는 조미료 광고야. '생선의 단백질과 글루탐산과 식물성지방을 배합해 만든 영양 조미료'라고 소개하고 있네.

▲ 조미료 광고

걸리를 마시게는 되었지만 술을 마신 뒤 숙취와 냄새가 매우 심했단다. 밀가루의 수입은 막걸리뿐만 아니라 제과·제빵 산업의 성장을 가져 왔지. 이렇게 미국 잉여농산물의 대량 도입은 국내 농업의 쇠퇴를 가져와 우리나라 식량 자급률을 떨어뜨렸어. 대신 값싼 원료를 수입하여 단순히 가공·유통시키는 2차, 3차 산업의 몸집을 부풀려 국내 식품산업의 대외의존도를 증가시키는 결과를 가져왔지.

05

절미운동과 혼분식

밀을 원료로 하는 가공식품의 성공에는 미국의 원조도 한몫했지만 정부의 절미운동과 혼분식장려운동이 이를 거들었어. 1950년대 초기 우리나라는 여전히 가난했어. 쌀이 부족해서 사람들은 제대로 먹지 못했지. 정부는 쌀 소비 절약 정책과 혼분식 장려 정책을 적극 추진했어. 절미운동은 쌀을 아껴 먹으라는 것이고, 혼분식장려운동은 혼식과 분식을 하라는 거야. 혼식은 밥을 쌀로만 짓는 것이 아니라 일정량의 잡곡을 섞어서 지어 먹는 것이고, 분식은 밀 같은 다른 곡식으로 먹을거리를 만들어 밥 대신 먹는 거야.

1951년 7월, 국무회의에서는 절미운동을 실행하기 위한 8개 항목을 결의했어.

① 각 가정에서 잡곡 혼식을 적극 장려할 것
② 음식점은 3할 이상의 잡곡을 혼합하여 영업할 것

③ 여관업자는 3할 이상의 잡곡을 혼합하되 주식(점심)은 제공하지 말 것

④ 요정은 식사 제공을 중지할 것

⑤ 주간(낮) 주류 판매를 금지할 것

⑥ 밀조주를 철저히 단속할 것

⑦ 미곡을 원료로 하는 제과 · 제병(떡) · 제이(엿) 제조를 금지할 것

〈동아일보〉, 1951년 7월 11일)

절미운동의 핵심은 가정에서나 음식점에서는 잡곡을 넣어 밥을 하고, 낮에는 술을 팔지 말며, 쌀을 원료로 하는 음식을 만들지 말라는 거야. 절미운동은 대한제국 때 나라의 빚을 갚기 위한 국채보상운동의 하

밀쌀은 '미국 농무성 주도 아래 1급 원맥으로 가공된 삼천만의 양곡'이라고 소개하네. 맨 위에 '식생활의 합리화는 혼식과 절미'라고 적혀 있어.

◀ 밀쌀 광고

나루 인부 지역에서 지역민들의 힘으로 전개됐어. 그런데 1950년대 절미운동은 정부의 강력한 개입과 단속 아래 강제로 시행됐단다.

절미운동은 쌀 소비를 줄이고 쌀로 만든 모든 식품을 밀가루로 대체하도록 했지. 밀가루는 삼백산업에서 말했던 것처럼 미국에서 원료를 값싸게 들여와서 만들었기 때문에 많은 양을 싼값으로 소비자에게 공급할 수 있었거든. 밀가루 소비를 높이려고 '쌀밥보다 영양가가 우수한 밀가루 음식', '밀이 쌀보다 영양가가 우수하여 밀을 주식으로 하는 서구인이 한국인보다 크고 건강하다'는 말들을 퍼뜨렸어. 곧 한식은 열등하고 양식은 우월하다는 거지. 이런 생각을 퍼뜨리는 데에 대통령까지 나섰어.

> 한인들 신체에 건강한 사람이 몇이 못 된다. (…) 가장 주요한 이유 하나를 설명하는데 그 이유는 대부분이 백미를 많이 먹기 때문에 생기는 것이라고 한다. 한인 중에 안질 없는 사람이 많지 않으며 체증 없는 사람은 없고 좀더 심하면 부족이라는 것이 생겨서 (…) 영양부족증으로 죽는 사람이 적지 않으며 (…) 서양 각국 사람들이 밀과 보리로 상식하고 있으니 우리도 밭에 밀, 보리를 많이 심으면 좋고 (…) 백미는 할 수 있는 대로 고가로 수출하고 맥(보리) 등 잡곡을 많이 수입해서 널리 쓰게 하면 양식의 수량도 늘고 질병도 없어질 것이니……(《동아일보》, 1951년 9월 28일)

위 기사에서 이승만 대통령은 한국인이 눈병이 많고 소화가 잘 안되는 증상이 많은 까닭은 쌀밥을 많이 먹기 때문이라고 말하고 있어.

그리고 서양 사람들이 밀과 보리를 주식으로 하니 우리도 서양 사람처럼 먹어야 한다고 말하고 있네. 또 쌀은 수출하고 잡곡을 수입해서 질병을 없애자고 제안했어. 그때 한국 사람들이 눈병이 많고 체증이 많기는 했어. 그런데 쌀밥을 먹어서가 아니라 제대로 먹지 못해서 영양실조였기 때문이었지. 보리도 없어 나물을 끓인 멀건 죽을 먹던 때였어. 그때 쌀밥만 먹었던 사람이 얼마나 될까? 전체 인구의 5%도 안 됐을 거야.

여하튼 쌀 소비를 줄이자는 절미운동은 한식의 폐단을 지적하고 양식의 우수성을 지나치게 과장해 한식은 열등하다는 생각을 갖게 했어. 밀이 서양 사람들의 주식이라면서 밀가루 음식은 영양 면에서도 우수하다고 했지. '빵은 우수한 서구의 식생활'이라 여겨져 빵을 비롯한 서구 음식에 대한 소비문화가 형성된 거야. 사회에서는 밀가루 음식을 소비하는 여성은 과학적이고 합리적 생활을 하는 앞서가는 여성이라고까지 추어올렸지.

1964년 1월부터는 모든 음식점에서 보리쌀이나 면류를 25% 이상 혼합해서 팔고, 매주 수요일과 토요일에는 오전 11시부터 오후 5시까지 쌀로 만든 음식을 팔지 못하도록 했어. 그리고 음식점에서 파는 육개장·설렁탕·곰탕은 쌀 50%, 잡곡 25%, 면류 25%를 섞어서 요리하도록 지시했어. 오늘날 곰탕이나 설렁탕에 국수나 당면을 넣어 먹는 방식은 이때부터 생겨난 거야.

가정에서의 보리 혼식을 유도하려고 초·중·고등학교에서는 학생들의 도시락 검사까지 했단다. 어떤 학생은 친구에게 보리밥알을 빌리거나 윗부분만 보리밥을 덮는 등 웃지 못할 일들이 벌어지기도 했어.

▲ 국수 광고

"꿀보다도 맛좋은 꽁당보리밥/보리밥 먹는 사람 신체 건강해"라는 노래를 만들어 알리기도 했지.

> 문교부가 올해 새 학기부터 각급 학교에 실시 중인 도시락 혼분식장려운동을 감독 관청인 각 시도 교위나 일선 학교 관계자들이 지나치게 확대 해석, 학생들의 성적에까지 반영시키는가 하면 처벌까지 하고 학부모들을 불러 이행각서를 쓰게 하는 등 과잉 단속으로 물의를 빚고 있다.(〈동아일보〉, 1976년 6월 12일)

밀과 밀가루 소비를 늘리기 위해 분식도 장려됐어. 분식 장려는 보리 혼식과 마찬가지로 정부 주도로 국민 식생활 개선 운동의 차원에서 이루어졌다. 그때 밀가루를 우월한 식품으로 예찬하면서 장려했으나 영양학적으로 보면 쌀의 단백가(단백질의 영양가를 나타내는 수치)는 70이고, 밀가루는 42로 낮은 수치야.

여하튼 1960~1970년대 붐을 이룬 혼분식장려운동으로 쉽사리 바꾸기 어려웠던 쌀밥 편중의 우리 식생활 습관에 변화가 생겼어. 혼식으로 보리의 수요가 늘고, 밀가루·설탕·샐러드유·우유 따위가 보편화되면서 식생활이 크게 바뀌었지. 빵·라면 따위의 가공식품이 대량 생산되면서 식품산업이 발전했고, 주부들은 시간과 노력을 절약한다는 측면에서 가공식품에 관심을 갖게 됐어. 1960년대 말부터 재래시장과는 다른 슈퍼마켓 등 종합시장이 생기면서 가공식품의 종류가 더욱 다양해졌지.

06

패스트푸드와 외식

1981년 9월, 서독 바덴바덴에서 엄청난 뉴스가 날아들었어. "서울, 88올림픽 개최!" 세계 스포츠 축전을 앞두고 스포츠와 레저 바람이 일기 시작했지. 한강을 따라 올림픽대로가 건설되고, 63빌딩과 코엑스 따위의 건축물들이 올림픽대로와 경기장 주변에 지어졌어. 그리고 국민들도 세계대회를 열 수준의 교양을 가져야 한다며 국립미술관, 국립국악원, 예술의 전당이 새로 지어졌지. 대규모 놀이동산인 서울랜드도 이때 문을 열었어.

먹을거리와 일상생활도 이전과 비교할 수 없을 정도로 달라졌단다. 1986년 아시안 게임과 1988년 서울 올림픽 같은 국제 운동 경기와 각종 국제 행사의 개최로 활성화된 관광산업은 식품산업과 외식산업의 붐을 가져왔지. 특히 패스트푸드(fast food)를 중심으로 한 외식산업이 발달했어.

1979년에 처음 생긴 롯데리아는 1988년까지 국내 외식산업의 큰

축이었어. 패스트푸드 점포로 외식업 역사에 한 획을 그었지. 1979년 롯데쇼핑센터(현재 롯데백화점 본점) 개업과 함께 한국롯데리아 1호점을 열어 한동안 햄버거 전문점 붐을 일으켰어. 그리고 1988년 맥도널드가 압구정동에 1호점을 열면서 뒤이어 미국 햄버거 업체들이 들어와 경쟁하기 시작했지. 이때부터 햄버거와 피자, 프라이드치킨을 파는 맥도널드, 롯데리아, 버거킹, 피자헛, 피자인 따위의 패스트푸드 업체들이 한국인의 입맛을 공략했어. 어린이와 청소년들이 가장 먹고 싶은 외식이 짜장면에서 햄버거나 피자로 바뀐 것도 이때부터야.

1980년대 후반부터는 패밀리 레스토랑이란 이름으로 외국 외식 업체들이 들어왔어. 코코스, TGI, 프라이데이즈, 베니건스, 시즐러를 비롯한 외식 업체들이 젊은이들을 대상으로 국내 시장에 파고들면서 한국인의 외식 문화를 완전히 바꾸어놓았지. 그리고 갈비집, 양식당, 중식당, 한정식 전문점 따위로 200~500석 규모의 대형 식당이 많이 생겨났어. 바야흐로 외식산업은 '황금알을 낳는 거위'로 인식됐고, 대기업도 관심을 갖고 뛰어들었지. 그렇다면 식료품비 가운데 외식비는 어느 정도 늘어났을까? 외식 비용은 1960년대에 2% 남짓하던 것이 1970년대 3%, 1980년대 19%, 1990년대 35%로 계속 늘어났어. 2000년대 들어서는 50%에 이른다고 하네. 이제 식료품비의 절반 이상을 외식비에 쓰는 거야.

1990년대부터 패스트푸드점의 햄버거, 도넛, 피자가 우리의 먹을거리를 확실하게 장악했어. 패스트푸드점에서 파는 먹을거리는 맥도널드 햄버거가 상징하듯이 초국적 자본이 지배하는 '세계화'된 시대의 입맛이야. 오늘날 청소년이 가장 좋아하는 패스트푸드가 햄버거, 치킨, 피자라지.

오늘날 음식 소비의 가장 큰 문제는 상품의 생산자나 유통업자가 음식 소비문화를 이끈다는 거야. 이들의 시장논리와 상업주의가 소비자의 음식에 대한 선호와 유행, 문화를 좌우하지. 외식산업이 생각하는 상품의 질은 영양보다 간편성·경제성·미각성에 비중을 두고 있어. 화학조미료로 맛을 낸 식품산업은 어느덧 소비자들을 조미료의 입맛으로 길들이게 된 거야.

07

밥상의 세계화

요즘은 칠레산 포도, 뉴질랜드산 참다래, 호주산 쇠고기, 미국산 오렌지, 중국산 김치 따위가 우리네 식탁을 차지하고 있어. 그야말로 우리 밥상이 세계화됐네. 우리네 먹을거리가 언제부터 이처럼 세계화됐을까? 우루과이라운드 협상 뒤부터야.

우루과이라운드란 무엇이기에 이렇게 우리 밥상을 바꾸어놓았을까? 1980년대 세계 무역구조는 나라마다 빗장을 걸고 보호무역 정책을 펼치거나 서유럽, 북아메리카 같은 지역 단위의 자유무역주의를 유지하고 있었어. 그런데 이런 구조에 만족할 수 없었던 초국적 자본들이 세계경제의 질서를 바꾸고자 시장 개방을 강력하게 추진했지. 이러한 흐름은 1986년 '다자간 무역협상 개시를 위한 각료선언', 곧 우루과이라운드의 시작으로 나타났어. 우루과이라운드는 1993년에 협상이 종료되고, 1994년 4월 100여개 나라의 대표들이 최종 의정서에 서명을 했어. 다음해에는 이를 감시하고 분쟁을 조정하기 위한 세계무역기구

(WTO)가 생겼지.

우리나라에서 우루과이라운드로 가장 큰 영향을 받은 분야는 농업이었어. 농업인의 경쟁 상대가 전 세계 농업인으로 확대되면서 전 지구적인 무한 경쟁이 현실이 되었거든. 정부는 농가 피해에 대한 대책을 내놓았지만 임시방편에 지나지 않았어. 우루과이라운드 뒤 과일과 채소의 수입량을 〈표 3〉에서 알아보자.

〈표 3〉 **우루과이라운드 뒤 과일·채소 수입량**(단위: 톤)

연도	마늘	바나나	오렌지
1995년	7,688	121,538	15,402
2011년	37,050	352,671	141,961

관세청 자료 참조.

1995년과 대비해 2011년 마늘은 5배, 바나나는 3배, 오렌지는 9배로 수입량이 늘었어. 그럼 한국인이 잘 먹는 김치와 김장 재료는 어떨까? 김치는 2007년에 220,306톤, 2008년에 222,369톤을 수입했어. 2009년에는 148,124톤으로 수입량이 줄어들긴 했는데, 그래도 이 양은 연간 김치 소비량의 11%에 해당한대. 2010년에는 배추 값이 올라 중국산 김치 수입이 다시 늘어났지. 김장 재료의 수입은 해가 갈수록 늘어나고 있어. 〈표 4〉를 보면 2002년에 비해 2005년의 수입량이 소금은 2배 이상, 당근은 4배, 고추는 무려 11배 가까이 늘었어.

〈표 4〉 **연도별 김장 재료 수입량**(단위: 톤)

김장 재료	2002년	2003년	2004년	2005년
소금	38,079	48,269	83,919	82,997
당근	19,792	37,531	63,061	73,206
고추	7,857	61,309	92,639	83,137

관세청 자료 참조.

　1983년 농림수산물의 수입자유화 비율은 56.6%였는데 1995년 95.6%로 껑충 뛰어올랐고, 2002년 99.1%를 기록한 이래 지금까지 유지되고 있어. 30년 전만 해도 우리 밥상에 오른 먹을거리 10가지 가운데 5가지 정도는 국산 재료였어. 그런데 10여 년 전부터는 쌀을 뺀 거의 모든 먹을거리가 외국산 차지가 됐네.

　여름철에 시장에 나가면 오이 5~10개 한 무더기가 1,000원이야. 감자칩 한 봉지도 살 수 없는 가격이지. 국내산 농산물 가격이 이렇게 떨어진 것은 당연히 수입산의 영향 때문이지. 결국 농민들은 가격을 감당하지 못해 외국산 농산물의 영향을 덜 받는 작물을 재배하게 될 거야. 그렇다면 농업의 불균형을 가져오고 자급률도 더 낮아지겠지.

08

대형 마트

1990년대 들어서면서 '쇼핑'이라는 말의 뜻이 달라지기 시작했어. 예전에는 주부 혼자 재래시장에 가서 장바구니를 채워 돌아왔는데 이제는 대형 할인 매장에서 벌어지는 가족 단위의 활동으로 바뀌었지. 1993년 11월에 서울 창동에 들어선 신세계백화점 계열의 이마트를 시작으로 넓은 주차장을 갖춘 할인 매장이 도시 곳곳에 속속 들어섰어. 이곳은 단순히 물건을 사고파는 상점이 아니라 복합 소비 공간이야. 이런 대형 할인 매장은 1987년 6월 항쟁과 7~8월 노동자 대투쟁 뒤 빈부 격차가 줄어들고 노동자의 실질소득이 증가하는 환경 속에서 태어났어. 실질소득이 증가하자 노동자의 소비 수준도 높아지고 내수 시장이 넓어졌기 때문이지.

대형 할인 마트는 가격 파괴를 내걸고 백화점과 재래시장이 주도하던 한국 유통업계에 새로운 시대를 열었어. 이마트가 많은 수익을 창출하자 홈플러스, 롯데마트 같은 대형 할인 마트가 생겨났어. 2000년

163개였던 대형 마트 점포 수는 2004년에 276개, 2006년에 342개로 늘어났어. 전체 소비시장 매출에서 차지하는 비중은 2000년에 9.1%, 2006년에 16.6%였단다. 대형 마트가 들어서면 재래시장을 비롯한 주변 지역의 상권을 완전히 장악해 기존의 상가들은 상당수 개점휴업 상태에 이르게 되지.

TV 홈쇼핑은 1995년 한국홈쇼핑과 삼구쇼핑이 첫 방송을 하면서 시작됐어. 한국홈쇼핑의 첫 판매 제품인 만능 리모컨의 판매량은 10개 정도였지. 그러나 1998년부터 2002년까지 TV 홈쇼핑은 연평균 72.3%라는 놀라운 성장세를 기록했어. 케이블방송과 신용카드 보급이 늘면서 소비자들이 TV 홈쇼핑을 쉽게 접하고 편하게 결제할 수 있었기 때문이야.

초고속 인터넷 가입자 수가 2002년 1,000만 명을 돌파하는 등 인터넷 사용 인구가 엄청나게 증가하면서 국내 인터넷 쇼핑몰 이용자 수도 2000년 18.8%에서 2002년 25.7%로 빠르게 늘어났어. 이에 따라 인터넷 쇼핑몰의 숫자도 빠른 속도로 늘고 있지. 1997년 전체 소매업에서 차지하는 비중이 9.9%였지만 2005년에는 무려 22.3%에 달했어. TV 홈쇼핑과 인터넷 쇼핑으로 이제 집에서 거의 모든 물건을 구입할 수 있는 시대가 열렸다고 해도 되겠지.

09

___ 커피 없인 못 살아

약 7세기경 아프리카 에티오피아의 양치기 소년 칼디에 의해 발견된 커피는 제2차 세계대전 뒤 인스턴트커피로 생산되면서부터 세계인의 기호품으로 자리 잡았어. 커피가 우리나라에 처음 들어온 것은 1882년(고종 19년)이야. 고종은 커피를 즐겨 마셨대. 고종이 러시아 공관에 있을 때 식사 시중을 하던 손탁에게 호텔을 지어주었는데, 여기에 우리나라 최초의 다방이 생겨 커피를 팔았대.

해방될 무렵 불과 30여 곳에 지나지 않았던 다방은 1969년에 4,613 곳으로 늘어났어. 초기의 다방은 문학청년들의 공간이었대. 이들은 단골 다방을 정해 놓고 커피를 마시면서 전쟁으로 인한 상처를 달래곤 했다지.

국내 커피 업체가 생기기 전에 커피는 미군 PX를 통해 불법적으로 암거래됐어. 그런데 불법 거래로 외화 유출 현상이 생기자 정부는 국내 커피 업체의 설립을 허가했지. 1968년 미원음료의 전신인 MJC에서 원두커피를 생산했어. 2년 뒤에는 미국 제너럴푸드사와 합작한 동서식품이 커피 시장에 합류했지. 초기에는 원두커피가 주종을 이루었으나 곧 인스턴트로 바뀌기 시작했어. 인스턴트의 간편성과 인력 절감의 장점은 커피 시장의 흐름을 순식간에 뒤바꾸었지.

커피 문화가 널리 퍼지면서 커피 소비는 다방에서 점차 사무실과 가정으로 확산됐고, 이는 인스턴트커피의 소비량을 증가시켰어. 커피는 이제 밥 먹는 일만큼이나 자연스러운 식생활이 되었지. 커피와 크림, 설탕을 섞어 낱개로 포장한 커피믹스는 커피 도구를 갖추지 못하는 낚시터, 사무실, 작업장, 운동경기장에서 매우 편리했어. 1978년부터는 자동판매기가 등장해 굳이 다방이 아니더라도 어디에서나 손쉽게 커피를 접하게 됐지. 그때 커피 문화는 설탕을 많이 타서 먹는 것이었는데, 제당산업이 충분히 성장한 뒤 커피가 생산된 것과 연관 있겠지.

2009년을 기점으로 커피 시장은 원두커피 중심으로 바뀌었어. 초국적 자본의 커피 전문점이 들어서면서 원두커피를 사용했고, 이용자가 젊은이들을 중심으로 늘었기 때문이야. 2000년대 들어서 커피 수입량이 어느 정도인지 알아보자.

〈표 5〉 **연도별 커피 수입량**(단위 : 톤)

구분	1964년	1977년	1986년	1996년	2006년	2010년	2011년	2012년
수입량	94	2,325	23,458	58,202	91,662	117,200	130,300	114,500

관세청 자료 참조.

커피 수입량은 1964년에 94톤에 불과하던 것이 1977년 2,325톤, 1986년 23,458톤, 1996년 58,202톤, 2006년 91,662톤으로 점차 늘어나다가 2012년에는 무려 11만 톤에 달했어. 1977년과 비교해 49배나 증가한 거지. 한국인이 커피를 얼마나 좋아하는지 한 사람이 1년에 마신 양을 조사한 통계를 보면 깜짝 놀랄 거야.

〈표 6〉 **연도별 커피 음용수**(1인당/잔)

구분	1977년	2006년	2008년	2009년	2010년	2011년
음용수	10	253	291	283	312	293

관세청 자료 참조.

커피콩 10그램을 한 잔으로 계산할 경우, 1977년에는 성인 1인당 1년에 10잔 정도 마신다는 결과가 나왔어. 그런데 2006년에는 253잔, 2010년에는 무려 312잔, 2011년에는 조금 줄어들어 293잔의 커피를 마셨어. 거의 하루에 1잔은 마셨다는 거지. 커피 없이는 생활하지 못할 지경에 이르렀네.

10

유전자조작과 씨앗

나일론 같은 화학섬유는 가볍고 질기지만 면섬유는 몸을 쾌적하게 해주지. 면은 목화로 만든 옷감이야. 고려 때 문익점이 원나라에 사신으로 갔다가 돌아오면서 목화 씨를 가져왔어. 그가 가져온 씨앗 가운데 딱 한 송이의 목화만 피었대. 그리고 몇 년 뒤에는 이웃 사람들에게도 씨를 나눠주어 전국으로 퍼져나갔지. 일제강점기에도 목화는 일제의 섬유산업을 발전시키는 데 큰 역할을 했어. 하지만 남도의 들녘을 하얗게 수놓았던 목화밭도, 목화밭에서 사랑을 노래하던 대중가요도 이젠 사라졌어. 대신에 미국 코튼사 면직물이 최고품으로 선전되고 있지.

1950년대 삼백산업의 하나였던 면직물의 원료인 목화는 더는 우리 땅에서 재배되지 않고 지금은 박물관에나 가야 볼 수 있어. 500년이 넘게 우리 땅에서 나고 자라던 씨앗들이 많이 사라져버렸어. 현재 생활이 옛날보다 훨씬 풍요로운데 씨앗이 뭐 그리 중요할까?

◀ 씨앗 광고

> 아카시아 씨는 한 알도
> 흘리지 말고 모으라는
> 포스터야. 아카시아
> 꽃에서는 꿀이 나오고,
> 나무는 땔감으로 쓸모가
> 있으므로 씨앗을 받아
> 심으라고 소개하네.

▲ 아카시아 씨 수집 포스터

그런데 앞으로 핵전쟁보다 더 무서운 전쟁이 씨앗전쟁이래. 예부터 농민들은 수확을 한 뒤 이듬해에 농사를 짓기 위해 씨앗을 잘 보관했어. 이제는 대개 씨앗을 사거나 모종을 사다가 해. 그렇다면 그 씨앗은 누가 소유하는 걸까?

오늘날 무·배추·고추 씨앗의 50%는 다국적 기업이 공급하고, 양파·당근·토마토의 씨앗은 일본산이 80% 이상 차지한대. 그렇다면 우리나라에는 토종 씨앗이 없었던 걸까? 그렇지 않아. 토종 씨앗의 상당수가 일제강점기, 한국전쟁, 1970~1980년대에 사라졌지. 일제강점기 때 조선총독부는 토종 볍씨 대신 일본에서 가져온 볍씨를 심으라고 강요했어. 배고픈 시절에는 생산량이 많은 개량 품종만 재배했지. 이 기간에 나라 밖으로 유출된 토종 씨앗만 수천 종에 이르는 것으로 알려져 있어.

1970년대에는 벼농사에 다수확 신품종인 통일벼가 도입되었어. 이 신품종은 1978년에 벼농사의 76%를 차지할 만큼 빠른 속도로 보급됐어. 신품종의 가장 큰 장점은 말할 나위 없이 다수확이야. 정부는 다수확 신품종을 보급하려고 벼 수매 가격을 올리고 신품종을 먼저 수매했어. 그런데 통일계통의 벼는 면역성이 약해 병충해에도 약하고 볏짚이 짧고 힘이 없어 가마니나 새끼를 꼬지 못했지. 그리고 맛이 없었어. 그래서 나중에는 농민들과 상인들은 이 신품종을 기피했대. 그때 사정을 소설의 한 대목에서 들어보자.

요새 볍씨 가지구 시끄런 것 봐. 재래종 심으면 면이나 군에서 오죽 지랄혀

겄나. 통일베 안 심으면 면장이 직접 모판만 갈아엎는 게 아니라, 볍씨 담근 통에 마세트라나 무슨 약을 처넣어서 싹두 안 나게 헌다는 겨. 군수가 못자리 짓밟을라구 장화 열다섯 켤레 사놓구 벼른다는 말두 못 들어봤남.(이문구, 「우리 동네 최씨」,『우리 동네』, 민음사, 2003, 107쪽)

　토종을 심으면 군수와 면장이 모판을 뒤엎어 결국 개량종을 심을 수 밖에 없는 농민들의 한숨 소리가 들리네. 오늘날 농민들은 통일벼를 심지 않는데.

　'녹색혁명의 아버지'라 불리는 미국의 농학자 노먼 볼로그(Norman Borlaug)는 다수확 밀 종자 '소로나'로 세계인을 식량위기에서 구해냈다고 노벨평화상을 받았어. 그런데 소로나가 한국 토종 밀을 사용해 개량한 것이라는 사실은 잘 알려져 있지 않아. 그가 사용한 한국 토종 밀은 '앉은뱅이 밀'이란 씨앗이었어. 앉은뱅이 밀은 키가 작고 병충해에 강하며 단위면적당 수확량이 많은 것이 특징이야. 앉은뱅이 밀은 유전자를 이용해 개량하지도 않았고 몇천 년을 이 땅에서 나서 자란 귀중한 씨앗이지. 이래서 씨앗을 보존하고 알리는 일은 무척 중요해.

2장

대중매체와 문화

11

아리랑

아리랑은 입에서 입으로 이어져 오늘날까지 불리고 있어. 나라 밖에서도 아리랑은 한국을 대표하는 노래야. 누구든지 '아리랑 아리랑 아라리요'에 두 줄 노랫말을 지어 넣으면 쉽게 노래를 만들어 부를 수 있어. 그러니까 아리랑은 모두의 노래라고 할 수 있지. 이런 특성 때문에 지금까지 전해오는 아리랑은 3,000수 이상이라는 사람도 있고, 6,000수에 이른다는 사람도 있어.

아리랑이 언제부터 불렸는지는 정확하게 알 수 없지만 대개 정선아리랑, 진도아리랑, 밀양아리랑, 경기아리랑으로 구분해.

아리랑의 유래는 여러 갈래가 있어. 그 가운데 하나는 흥선대원군이 경복궁 재건 공사를 할 때 노동자들이 부르면서 널리 퍼졌다고 해. 경복궁 재건 공사에 쓸 재목을 강원도에서부터 한양까지 한강 길을 따라 실어 나르던 노동자들이 일도 고달프고 고향 생각도 나서 부른 노래가 아리랑이었대.

경기아리랑은 나운규아리랑이라고도 해. 1926년 나운규가 직접 시나리오를 쓰고 주연과 감독까지 맡았던 「아리랑」이라는 영화의 주제가로 불리면서 퍼지기 시작했지. 마지막 장면에서 주인공이 손에 수갑이 채인 채 아리랑 고개를 넘어가면서 부른 노래가 경기아리랑이었어.

아리랑 아리랑 아라리요
아리랑 고개로 넘어간다
나를 버리고 가시는 임은
십 리도 못 가서 발병 난다

정선아리랑은 경기아리랑에 많은 영향을 주었는데 선비들의 시를 노래한 거래. 고려가 망하자 세상을 등지고 살겠다며 강원도 정선까지 들어온 일곱 명의 선비들이 자신들의 마음을 시로 표현했는데, 정선 사람들이 이 시를 듣고 노래한 것이 정선아리랑의 기원이래. 정선아리랑은 단조롭고 애처로운 느낌이 강하지만 누구나 따라 부를 수 있는 가락이야.

진도아리랑은 당골래 설화가 기원이라고 하는데, 화려한 음률이 특징이야. 밀양아리랑은 억울하게 죽은 밀양 부사의 딸 아랑의 전설이 기원이래. 다른 아리랑에 비해 격렬하고 발랄하다지.

아리랑의 주제는 사랑, 슬픔, 결혼, 풍류, 한탄, 나라 잃은 슬픔, 애국 따위로 다양해. 사람들은 다양하고 진솔한 감정을 아리랑에 드러냈지. 예전 사람들은 일을 하다가 어울려 놀면서 흥에 겹거나 혹은 마음을 달래려 할 때면 아리랑을 흥얼거렸어. 요즘 사람들은 아리랑보다는 자신이 좋아하는 대중가요를 더 잘 부르지. 그렇지만 아직까지도 어디에서든지 아리랑 노래가 울려 퍼져 아이들까지도 곧잘 따라 불러. 그만큼 가락이 쉽고 노랫말도 어렵지 않기 때문이야.

아리랑은 역사적 순간에도 울려 퍼졌어. 1953년 7월 27일 판문점에서 열린 정전협정 조인식에서도 아리랑이 울려 퍼졌대. 그리고 포로 교환 현장에서도 아리랑은 양측 군악대 단골 연주곡이었다는구나. 1991년 일본 지바에서 열린 제41회 세계 탁구 선수권대회에서 남북이 단일팀으로 참가했을 때 단일팀가로 아리랑이 울려 퍼졌어. 2002년 월드컵 때에는 국민 응원가였지.

그만큼 아리랑은 우리 민족의 정서를 담고 있는 노래라고 할 수 있어. 영국의 문예비평가 레이먼드 윌리엄스(Raymond Williams)는 "살아있는 문화는 한 특정한 장소나 시기 속에서 살아가고 경험하는 문화로 이 문화에 대해 완전히 인식할 수 있는 사람들은 실제로 이 감성구조 속에서 살아간 이들뿐이다"라고 했어. 그런데 아리랑만큼은 아직도 한국인의 감성을 움직이게 하네.

12

악극단

악극단은 대중음악과 연극을 함께 하는 유랑극단을 말해. 악극이 가요, 연극, 무용을 함께 곁들인 쇼로 정착하게 된 것은 조선 악극단이 활동할 때였어. 초기 악극의 형태는 막과 막 사이에 가수가 나와 노래를 부르거나 촌극으로 관객의 흥미를 유지시키는 데 있었어. 그런데 관객들이 실제 공연보다 노래나 촌극을 더 좋아해서 주요한 공연으로 자리 잡게 됐지. 극단들은 악극의 중요성을 인식하고 음악 부분을 강화해서 악극 전문 단체를 만들었어. 대중가요가 유행하면서 악극도 함께 발달했거든.

특히 음반을 통한 노래 듣기는 새로운 소비문화로 자리 잡았어. 레코드 회사들은 새로운 음반을 발매할 때 음반을 홍보하기 위해 음반의 목록이나 간단한 소개, 가사를 수록한 소책자를 발행했어. 가장 큰 호응을 얻는 방법은 가수와 관객이 직접 만나는 방법이었지. 1930년대 말부터 소속 가수들을 알리는 단순한 공연 형태에서 벗어나 연극과 음악이 어우러진 공연 양식이 만들어졌어. 이런 형태가 자리를 잡아가면서 악극이란 이름으로 나타난 거야.

조선악극단은 남인수, 장세정, 김정구 같은 인기 가수들과 손목인, 김해송, 박시춘 같은 작곡가나 연주가들이 모여 있는 만큼 관객들에게 가장 인기가 많았대. 조선악극단은 오케레코드사(Okeh Record) 소속 가수들이 연주회를 열게 된 것이 계기가 돼 만들어졌지. 오케레코드사는 1933년 우리 손으로 만들어진 음반 회사로 일본 제축(帝蓄)회사와 기술 제휴를 통해 레코드를 제작하고 판매했어. 고복수는 「타향살이」를 불러 인기를 끌었고, 이난영의 「목포의 눈물」은 5만 장 이상이 팔렸지. 조선악극단은 대중에게 악극을 쉽게 소개했어. 다른 악극단들이 가극에 바탕을 두어 조금 지루한 무대 구성을 했다면 이들은 다양한 소재로 관객을 사로잡았고 가요의 대중화에 크게 이바지했지.

그런데 1945년 해방이 된 후 일제가 쫓겨나면서 음반 제작 시설들을 대부분 가져가거나 폐기해 버려 녹음 작업이 어려운 상태였어. 그래서 가수들은 악극단에 들어가 활동했지. 1945년 12월 현재 서울에서 생겨난 극단이나 악극단의 수가 자그마치 59개에 달했어. 악극단의 증가는 한국전쟁 전까지 이어졌대. 음반을 제작할 수 없는 형편이었기 때문에 악극단이 번성할 수 있었던 거지.

한국전쟁까지 악극의 전성시대라 불릴 정도로 공연도 많았고 내용도 다양했어. 녹음 작업을 할 수 없었던 때 극장 무대는 가수와 배우들의 주요한 활동 공간이었거든. 극장이 없는 곳에는 이동 설치가 가능한 가설극장의 순회공연이 이루어졌지. 한국전쟁이 일어나면서 악극 활

▲ 삼팔선

길에 삼팔선이 그어져 있는 모습이야. 삼팔선은 대중가요의 주요 소재가 되었어.

동은 군예대 중심으로 이루어졌어. 전쟁 뒤에는 예전 같은 인기를 얻지 못했지. 소재도 고갈된 데다가 영화와 국극이 출현했기 때문이야.

당시에는 시대를 반영한「가거라 삼팔선」,「달도 하나 해도 하나」,「신라의 달밤」,「비 내리는 고모령」,「고향만리」같은 노래들이 유행했어.

아아 산이 막혀 못 오시나요

아아 물이 막혀 못 오시나요

다 같은 고향 땅을 오고 가련만

남북이 가로막혀 원한 천리 길

꿈마다 너를 찾아 꿈마다 너를 찾아 삼팔선을 탄한다

(이부풍 작사, 박시춘 작곡, 남인수 노래)

이 노래는 남북 간의 통행이 막히고 수많은 가족들이 생이별을 했던 심정을 잘 표현했지. 미 군정기에는 미국 대중음악이 소개되면서 형식과 내용에서 많은 변화를 보였어. 가사에도 '럭키', '모닝', '선데이' 따위의 영어가 많이 쓰였지.

13

여성국극

여성국극은 해방 뒤 등장한 여성들끼리 모여서 했던 창극으로, 기존의 창극이 소리 중심의 공연 양식이었던 데 비해 소리와 춤 그리고 연기가 곁들여진 공연 예술이야. 지금은 생소하지만 1950년대에는 굉장한 인기를 끌었지.

1945년 8월 19일에 서울에서 국악건설본부가 새로 만들어져 활동하기 시작했고, 10월 7일에 국악인들이 창악·기악·창극·무용·농악·아악 따위를 아울러 국악원을 조직했어. 이때 민속악·아악을 국악이라 하고 창극을 국극으로 부르자는 제안이 있었대. 그때부터 고유의 음악을 국악으로, 창극을 국극이라 불렀어.

1948년 서울에서 여성국악동호회가 결성됐어. 이 모임에 박녹주, 김소희, 임춘앵을 비롯해 30여 명의 여성 국악인이 참가했단다. 해방 뒤 남성 국악인들만 중심이 되고 자신들은 푸대접을 받는 현실에 반발해 여성 국악인들만의 단체를 만든 거야. 이들은 시공관에서 「옥중화」를 처음으로 공연했어. 첫 공연은 큰 호응을 얻지 못했지만 1949년 두 번째 공연인 「햇님 달님」은 성공을 거두었지. 무대 장치와 의상 소품이 화려했고 여성 극단의 공연이어서 여성들의 관심을 끌어모았다는구나.

여성국극은 1950년대 내내 대중의 열렬한 호응을 얻었어. 여성국극은 다른 국극과 달리 소리보다는 공연에 치중했기 때문에 대중의 지지를 받을 수 있었대. 또 감정을 잘 전달하려고 창법을 다르게 해서 노래의 연극성을 살리고 대사 역시 대화체의 가락을 사용해 감정 연기를 중시했어.

1954년에 한국 영화가 15편 제작됐던 데 비해 여성국극은 30편이 제작됐어. 이렇게 국민 오락으로서 여성국극은 상당한 지위를 확보하고 있었단다. 여성국극 배우가 얼마나 인기가 있었는지 아래 글을 읽어 보자.

임춘앵은 부산의 여성들에게 선풍적인 인기를 끌고 있었다. (…) 특히 도떼기시장에서 장사하는 여인들에게 임춘앵의 바지는 곧 멋으로 통했다. 그 여인들이 관객이 되었을 때는 임춘앵이 손만 한 번 들어도 탄성이 터져나왔고 발걸음을 한 번만 내디뎌도 환호성을 울렸다. (…) 그 여자가 하는 국극을 보면 뭔가 가슴이 후련하다는 사람이 몰려왔기 때문이다.(반재식·김은신, 『여성국극왕자 임춘앵 전기』, 백중당, 2002, 236~238쪽)

여성국극은 철저히 대중성에 기초하면서 전쟁이라는 상황을 잊고 판타지 세계 속으로 몰아넣어 관객의 사랑을 받았던 거야. 비참한 현실

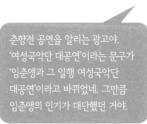

춘향전 공연을 알리는 광고야. '여성국악단 대공연'이라는 문구가 '임춘앵과 그 일행 여성국악단 대공연'이라고 바뀌었네. 그만큼 임춘앵의 인기가 대단했던 거야.

▲ 여성국극 광고

을 잊고 긍정의 힘을 갖게 한 거지. 이 힘이 여성국극을 그때 최고의 대중예술로서 자리 잡게 했어.

여성 극단의 공연이고 (…) 소문이 서울 장안에 널리 퍼지자 이제까지 가정에만 얽매여 있던 부녀자들의 마음을 들뜨게 하였고 너도나도 극장으로 몰려드는 바람에 극장 문전은 인산인해를 이루어 흥행사상 전무후무하였다. (…) 부산 공연 때는 부산 시민뿐만 아니라 인근 도시에서까지 관객이 몰려

들어 부산역 앞 공회당은 인파로 메워져 통행이 어려울 정도였다.(박황, 『창극사연구』, 백록출판사, 1976, 189쪽)

위의 장면은 여성국악동호회의 두 번째 작품이었던 「해님 달님」을 보러 모여든 사람들의 모습을 보여주고 있어. 실제로 여성국극 공연에는 위와 비교할 수 없을 정도로 많은 여성들이 모여들었지. 심지어 여성국극 단원이 되겠다고 몰래 집을 나온 여학생들이 많아 집으로 돌려보내느라 진땀을 빼기도 했다는구나.

여성들은 왜 여성국극을 보러 왔을까? 다른 공연에서는 볼 수 없었던 실감나는 무대가 관객들을 끌어모았기 때문이지. 여성국극의 무대 장치는 관객들에게 신선하고 황홀한 볼거리를 제공했어.

여성국극 무대에서 제일 감명을 받았던 게 「무영탑」이야. (…) 볼거리로서는 호수가 있으면 거기에 무영탑이 비쳐. (…) 아사달이 반 미쳐서 헤맬 때, 물이 막 흔들리면서 탑 그림자가 비쳐. 그때는 그걸 직접 무대에 실현을 했다고.(김지혜, 「1950년대 여성국극의 공연과 수용의 성별 정치학」, 『한국극예술연구』 제30집, 2009, 258쪽)

남녀 주인공의 애정 표현도 관객들에게 볼거리이자 재미였어. 실제 남녀가 아니라 여성들끼리 하므로 연인의 사랑 연기를 훨씬 더 대담하게 표현했다는구나. 대중들이 꿈꾸는 자유연애와 성에 대한 관심은 여성국극에 열광하게 만든 이유였어. 여성 관객들은 자신들이 할 수 없는 일을 시도하는 남장 배우들을 대리 경험하면서 자유와 해방감을 느꼈대.

아무리 재미있더라도 그것을 볼 비용이 없었다면 불가능하겠지. 여성들이 여성국극에 몰렸던 까닭은 바로 여성들의 경제력 때문이었어. 여성들은 생활하려고 만두나 국수를 파는 음식점을 했고 마을마다 돌아다니며 물건을 팔았지. 전쟁으로 인한 남성들의 빈자리를 채운 것은 여성들이었어. 이런 경향은 한국에만 나타난 현상이 아니야. 제2차 세계대전 때 미국, 영국, 프랑스에서도 전쟁터에 나간 남성 대신에 여성들이 사회 구석구석에서 일을 했지. 이들 나라에서는 전쟁이 끝나자 여성들에게 가정으로 돌아가서 어머니와 아내의 노릇을 하라고 했어. 그런데 우리나라는 사정이 조금 달랐어. 이들 나라처럼 공업이 발달하지 않아서 전쟁터에서 돌아온 남성들이 돌아갈 일터가 많지 않았거든. 우리나라에서는 전쟁 뒤에도 여성이 여전히 가정경제를 꾸리기 위해 경제활동을 했던 거야. 여성들이 어느 정도 진출했는지 농업과 상업에 종사했던 남성과 여성 인구를 비교해 보자.

〈표 7〉 **직업별 남녀 인구 구성**(단위: 명)

연도	농업		상업	
	남	여	남	여
1949년	3,185,244	2,544,335	289,273	81,204
1951년	4,754,992	4,967,733	655,635	593,264
1952년	5,025,419	4,521,014	682,857	597,257
1956년	3,001,464	3,129,783	333,237	162,175
1958년	3,086,324	3,142,760	342,495	187,876

이임하, 『여성, 전쟁을 넘어 일어서다』, 서해문집, 2004, 90~91쪽.

상업에 종사하는 여성은 1949년 8만여 명인데 1951년 59만여 명으로 늘었어. 농업에 종사하는 여성 수도 남성보다 많아. 이런 상황은 전쟁 뒤에도 변함없이 유지됐어. 이런 여성의 모습을 신문에서는 이렇게 기술했어.

> 생산 공장에서 생산 전사가 되어 있고 사무원으로 펜촉을 들고 싸우고 있으며 혹은 농업증산의 역군으로 또는 순경으로 교원으로 청장년을 대신하여 용감하고 능률 있게 싸워나가고 있다.(《서울신문》, 1952년 1월 1일)

여성들이 여성국극을 보려고 몰렸던 까닭은 전쟁과 근대화로 인한 남녀의 의식 변화, 그리고 여성의 경제활동과 긴밀하게 연관됐기 때문이야.

▲ 시장에서 장사하는 여성들

그런데 여성국극은 1950년대 후반 상연 작품 수가 줄어들기 시작하면서 1960년대 초반 급격하게 쇠퇴했어. 한국 영화 제작이 늘면서 사람들이 영화관으로 몰렸거든. 몰락을 더욱 부채질한 것은 1962년에 국립극장 전속의 국립국극단이 창단되면서였대. 여성국극은 저질 통속 예술로 여겨져 국립기관에 들어가지 못해 정부의 지원을 받지 못했지. 작품의 완성도도 떨어지고 스타 배우의 활동이 지속되지 못한 것도 쇠퇴의 이유였어.

14

영화로 꿈꾸기

전쟁 뒤에도 여성국극의 열기는 사그라지지 않았어. 그런데 1960년대 초 여성국극은 전통을 훼손하는 장르이자, 새로운 시각 매체인 영화에 뒤처지는 공연물로 규정됐어. 영화 보기가 시대를 앞서 가는 문화 체험으로 여겨진 거지.

영화는 이제 대중의 관심거리가 됐어. 영화는 1954년에 겨우 15편이 제작됐는데 1958년에 74편, 1959년에 111편, 1969년에는 200편이 넘게 제작됐어. 그래서 1955년부터 1960년까지를 한국 영화의 중흥기, 1961년부터 1969년까지를 한국 영화의 황금기라 하지. 얼마나 많은 영화가 만들어졌는지 표로 확인해 보자.

〈표 8〉 **극영화 총 제작 편수**

구분	1920~40년대	1950년대	1960년대	1970년대	1980년대	1990년대
편수	202	294	1,505	1,404	1,030	1,135

문혜영, 「1950~1960년대 한국 영화포스터 이미지 연구」, 『한국근현대미술사학』 제19호, 2008, 95쪽.

1960년대 영화 제작 편수는 한국 영화의 르네상스라 일컬어지는 1990년대보다 많아. 영화 제작 편수가 많다고 해서 좋은 작품이 그에 비례하는 건 아니지만 관객들의 관심을 끊임없이 받았지. 1950년대 후반부터 1960년대까지 대중들에게 영향을 끼쳤던 것은 단연코 영화였어. 이규환 감독의 「춘향전」(1955)은 서울에서만 12만 명의 관객을 동

▲ 「춘향전」 영화 포스터

원했대. 「춘향전」은 일제강점기에도 여러 차례 영화로 제작돼 대중에게도 익숙한 소재였어. 오늘날 기준에 따르면 서울에서만 거의 100만 명의 시민이 이 영화를 본 셈이야.

「춘향전」의 관객 동원 기록은 이듬해 한형모 감독의 「자유부인」이 상영되면서 깨졌어. 「자유부인」은 43일 동안 13만 명의 관객을 동원했대. 「자유부인」은 정비석의 소설을 영화로 만든 건데, 영화로 만들어지기 전부터 소설 내용을 둘러싸고 작가, 대학교수, 문학평론가, 변호사

▲ 「자유부인」 영화 포스터

▲ 「미워도 다시 한번」 영화 포스터

까지 가세한 논쟁이 일었지. 대학교수 부인이 춤바람이 났다가 잘못을
뉘우치고 가정으로 돌아온다는 내용이야. 이 영화가 상영되고 나서 현
모양처로 인정받지 못한 여성들은 모두 '자유부인'이라고 부를 정도로
사회 신드롬을 일으켰지. 「자유부인」은 댄스홀에서 맘보춤을 추거나
한복보다 양장 차림의 여성들을 등장시켜 볼거리를 제공하기도 했어.

　1960년대 말엔 신파 영화가 유행했지. 「미워도 다시 한번」(정소영 감
독, 1968)이 대표적인 영화야. 서울에 올라온 농촌 출신 여성의 희생과

미혼모의 처지를 다룬 이야기야. 이 영화는 관객의 눈물샘을 자극해 '최루탄의 폭발적 승리'라고 했어. 무려 36만 명이 이 영화를 봤다는구나. 첫 편의 성공으로 「미워도 다시 한번」은 1969년, 1970년, 1971년에 속편이 나왔어. 그때마다 많은 관객이 몰렸지. 1980년에도 「미워도 다시 한번, 80」(변장호 감독)이 제작됐지만 이때는 큰 관심을 얻진 못했어.

「영자의 전성시대」는 가난한 농촌에서 태어난 영자가 오로지 배불

▲ 「영자의 전성시대」 영화 포스터

리 먹으려고 서울로 와 식모살이에서 버스 안내양으로, 결국에는 '성매매' 여성이 되기까지의 과정을 그린 조선작의 소설을 1975년에 김호선 감독이 영화로 만든 거야. 36만 명 정도의 관객이 몰렸지. 이 영화는 「별들의 고향」을 잇는 이른바 '호스티스 멜로드라마'의 성행을 보여준 작품이야. 「별들의 고향」은 비정한 사회와 인간의 배신에 허덕이다 결국 자살하고 마는 여성의 이야기를 그린 최인호의 소설을 1974년에 이장호 감독이 영화로 만들었어. 46만 명의 관객을 동원해 큰 성공을 거두었지. 이 영화들은 무작정 농촌을 떠난 젊은 여성들이 도시의 성매매 공간으로 어떻게 들어가게 됐는지를 보여주었어.

전성기를 구가하던 한국 영화는 1960년대 후반 들어 쇠퇴하기 시작했어. 1970년대부터 1980년대까지는 한국 영화의 침체기야. 텔레비전의 도입, 대중문화의 다양화, 억압적인 영화 정책 따위가 이유였지.

국가재건최고회의에서는 1961년 법률 제632호로 국립영화제작소 설치법을 제정·공포하고 문교부 고시 제148호로 72개의 소규모 영화사를 16개사로 통합했어. 그리고 1962년 1월 20일에 영화법이 공포됐지. 영화법에 따르면 공보부에 정식으로 등록된 영화사만이 영화를 제작할 수 있었어. 또한 박정희 정권은 국산 영화를 제작한 영화사에만 외화를 수입할 수 있는 할당량을 주었어. 영화 제작자는 영화를 만들기 전에 신고를 하고, 상영하려면 허가를 받아야 했지.

15

듣는 매체, 라디오

1960년대 이후 생활양식의 변화에 많은 영향을 미쳤던 매체는 라디오와 텔레비전이었어. 1960년대는 라디오 시기로 평가될 만큼 라디오가 한국 사회에 큰 영향력을 끼쳤지.

1949년에 등록된 라디오 수신기는 15만 901대 정도였어. 그런데 한국전쟁 동안 라디오는 징발 물품이었기 때문에 개인이 소유하는 라디오 수신기는 더 줄어들었지. 한국전쟁 때 미군이 가져왔던 '제니스' 라디오와 몰래 들여온 일제 '산요' 라디오는 일부 부유층만 소유했던 귀한 물건이었어.

라디오는 국내 생산과 맞물리면서 보급이 늘어났어. 1959년 금성사가 국산 트랜지스터라디오를 처음으로 생산한 뒤 1959년 35만 5,154대, 1961년 52만 6,645대, 1963년 70만 6,491대로 빠르게 늘어났지. 정부가 라디오 수신기 보급을 추진하면서 보급률이 높아졌거든. 1962년에 농어촌에 '라디오 보내기 운동'과 '스피커 보내기 운동'이 전개됐어.

라디오 수신기 보급률은 1963년에 51%, 1967년에 81.5%로 급격히 증가했어. 1970년대 후반에는 1가구에 평균 3대를 소유할 정도였대. 라디오는 특정 계층의 소유물이 아니라 누구나 쉽게 접하는 매체로 자리 잡았지.

1950년대에는 국영방송(KBS)과 종교방송(CBS) 그리고 민간 상업 방송인 부산문화방송이 있었어. 그 뒤 서울문화방송(MBC, 1961), 동아 방송(DBS, 1963), 라디오서울(RSB, 1964)이 생겼지. 라디오서울은 1966년 중앙텔레비전과 합병하면서 동양방송(TBC)으로 이름이 바뀌었어.

▲ 라디오 보내기 운동

'지역사회 상호친선(자매) 관계결연
농어촌 지급용 라듸오 인수식'이라는
현수막이 붙어 있네.

1960년대 들어 새로운 민간 상업방송국들이 개국하고 출력도 높아지면서 라디오 프로그램도 변했어. 가장 큰 변화는 낮에 고정 방송이 가능하도록 편성한 거야. 날마다 정해진 시간에 맞춰 진행되는 방식은 한국전쟁 뒤 일일 방송 프로그램이 등장하면서 정착됐어. 연속극 「청실홍실」(1956)의 성공이 변화의 계기였대. 그 뒤 일일 연속극이 정착되면서 라디오 청취는 생활의 한 부분으로 자리 잡았지. 라디오 연속극은 일정한 시간에 15~20분간 방송돼 청취자에게 매일 정해진 시간대에 듣는 습관을 갖도록 했어.

각 방송사들은 앞다투어 연속극 프로그램을 편성해 청취자를 확보하기 위한 방법을 고안했어. 1960년대 초기만 해도 각 방송사들은 하루 한 편 정도의 연속극을 편성했는데 청취율 경쟁이 치열해지면서 연속극 방송 시간을 늘렸어. KBS는 「라디오 극장」과 「KBS 연속극」을 매일 저녁 7시부터 10시까지 편성했고, MBC도 저녁 7시부터 11시까지 연속극 편성에 집중했어. 또 각 방송사들은 서로 경쟁하듯 멜로드라마를 제작해 청취율 확보에만 급급했지.

홈드라마도 많이 만들어졌어. 홈드라마란 말 그대로 가정을 중심으로 한 이야기로, 큰 갈등보다는 평범한 사람들이 겪는 삶을 그리는 드라마라 할 수 있지. 가정과 이웃 그리고 직장과 사회로 연결되는 가족 구성원들의 생활권이 모두 홈드라마의 무대가 됐어. TBC(동양방송)의 「아차부인 재치부인」은 1965년 10월 1일부터 KBS(한국방송공사)에 통합된 1980년 11월 19일까지 5,900여 회를 기록할 정도의 장수 프로그램이었지.

특히 여성들은 라디오 연속극에 열광했어. 드라마에 푹 빠져 연신 탄성과 추임새를 넣거나 눈물을 찍어내곤 했대. 그리고 산간벽촌에서도 라디오만 갖고 있으면 최신 유행하는 노래나 도시의 생활을 들을 수 있었어. 청취자들은 단지 듣기만 한 것이 아니라 공개방송 참여, 전화 참여, 엽서 보내기, 사연 보내기 따위를 통해 방송에 적극 개입했어. 방송사의 지방 순회 공개방송에서 청취자들이 너무 많이 몰려와 공개방송 장소였던 초등학교(국민학교) 강당이 무너져 내리고 지방 극장의 벽이 붕괴되기도 했대.

농촌 생활의 변화는 라디오 보급과 관련 있어. 〈표 9〉를 보면 그 영향이 실감나지.

〈표 9〉 **농촌 지역 정보원 변화 추이**

정보원	1958년	1969년
부락의 유력자	68 (20.2)	26 (7.5)
신문	51 (15.2)	22 (6.3)
라디오	50 (14.9)	250 (72.0)
도시에서 온 사람	24 (7.1)	2 (0.6)
학생	18 (5.4)	2 (0.6)
장에서	16 (4.7)	12 (3.5)
기타	50 (14.9)	15 (4.3)
모르겠다	18 (5.4)	5 (1.4)
무응답	41 (12.2)	13 (3.8)
합계	336가구(100%)	347가구(100%)

이만갑, 『한국농촌사회의 구조와 변화』, 서울대학교출판부, 1973, 320쪽.

1958년에 농민들은 부락의 유력자에게 20.2%의 정보를 듣고 라디오에서 듣는 경우는 14.9%에 지나지 않았어. 그런데 10년 뒤 라디오로 정보를 듣는 농민들은 72%로 늘어났어. 라디오가 농촌의 생활필수품이 된 거지.

라디오 방송으로 방송을 통한 음악 감상, 드라마 청취, 권투·축구·야구 등의 스포츠 중계 청취 따위와 같은 오락이 우리 사회에 처음으로 출현했어. 라디오 청취는 사람들이 생활에서 즐기는 매우 중요한 오락 수단이었지. 라디오는 미디어를 매개로 하는 한국 대중문화 형성에 중심 역할을 했어.

16

근대화의 상징, 흑백 TV

　　　　　텔레비전 시대는 1961년 말 한국방송공사(KBS)가 개국
하면서 열렸어. 이때 처음으로 텔레비전이 나온 것은 아니야. 첫 텔레
비전 방송은 1956년에 도입된 HLKZ TV였어. 이 상업방송은 3년 만인
1959년에 문을 닫았지. 텔레비전은 한국 사회에서는 감당할 수 없었던
사치품이었거든. 텔레비전 수상기는 완제품을 수입했는데 가격이 쌀
21가마에 해당하는 큰돈이었어. 따라서 수상기 보급은 지지부진했고
광고주 역시 아무도 보지 않는 텔레비전에 광고를 맡기지 않아 적자가
쌓인 데다 방송국에 불까지 나서 결국 중단되고 말았지.

　　1961년에 KBS가 HLKZ TV를 이어받아 다시 텔레비전 방송을 시
작했어. 1964년에는 지금의 KBS 2TV가 된 TBC TV가 개국하여 처음
으로 두 개의 채널이 마련됐지. 하지만 여전히 텔레비전의 영향력은 라
디오는 물론 영화에도 못 미쳤어. 1970년대 들어서야 영화 관객 수가
줄어들면서 TV 시청자가 증가했지.

1966년에 금성사가 처음으로 흑백 TV를 생산했어. 첫 국산 TV는 사람들의 호기심과 경탄 속에 엄청난 인기를 끌었지. 물량이 딸려 구입 신청을 받아 경찰관 참석 아래 공개 추첨으로 당첨된 사람들에게만 공급할 정도였거든.

1963년에 3만여 대였던 텔레비전은 1973년에 100만 대, 1978년에 500만 대를 넘어섰어. 세대 보급률은 1968년 2.1%였는데 1973년에 20.7%로 불과 5년 만에 무려 10배 가까이 늘었어. 1977년에는 전국 보급률이 50%를 넘어섰고, 다음 해에는 70.7%로 빠르게 증가했지. 이렇게 텔레비전 수상기 보급률이 빨리 늘었던 까닭은 라디오와 마찬가지로 정부의 개입 때문이야. 정부는 텔레비전의 가격을 정하고 이를 매달 일부의 대금을 납부하면 제품을 먼저 주는 월부로 판매해 보급을 앞당겼어. 1972년에 장기 월부제로 고향에 텔레비전 수상기를 보내는 '효

▲ 텔레비전 판매 광고

'선착순 30대'라는 문구가 눈에 띄네.

자 TV 캠페인'이 전개되기도 했지. 이 운동은 농어촌에 14인치 수상기 100만 대 보급을 목표로 했는데, 농촌의 텔레비전 보급률을 높였어.

⟨표 10⟩ **텔레비전 수상기 보급 현황**

연도	등록 대수(대)	세대당 보급률(%)
1963년	34,774	0.7
1968년	118,262	2.1
1971년	616,392	10.2
1973년	1,282,122	20.7
1975년	2,061,072	30.4
1977년	3,804,535	55.7
1978년	5,135,496	70.7
1979년	5,696,256	78.5

문화공보부, 「문화공보 30년」, 1979, 215쪽.

텔레비전이 보급되면서 영화 관객 수와 영화 제작 편수가 줄어들었어. 방송 시간만 되면 온 가족은 물론 이웃 사람들까지 쭈뼛쭈뼛 텔레비전 앞에 모여들었대. 집주인의 눈치를 애써 외면하면서 밤늦도록 그 앞에서 떠날 줄을 몰랐단다. 아이들이 좋아하는 김일 레슬링 중계방송이 있는 날이면 텔레비전이 설치된 만홧가게나 전파사 앞에는 발 디딜 틈이 없을 정도로 미어터졌지. 또한 농촌에서는 한 집에 텔레비전이 생기면 온 동네 사람들이 그 집 마루에 걸터앉아 텔레비전에서 시선을 떼지 못했어. 화장실에 가고 싶어도 참고 참다가 옆 사람에게 자리를 맡아달라고 부탁을 하고 갈 정도였지.

이렇게 공공장소 또는 텔레비전이 있는 가정에서의 집단 시청은 텔레비전이 대중화되기 전까지 흔하게 볼 수 있는 풍경이었어. 아폴로 11호의 달 착륙(1969), 멕시코 월드컵(1970), 남북적십자회담과 7 · 4공동성명(1972) 같은 세간의 이목을 집중시킨 사건을 텔레비전을 통해 보았지. KBS의 아폴로 11호 특집 중계가 있던 날은 초저녁에 상가는 문을 닫았고 전파사, 다방 등 텔레비전이 있는 곳마다 사람들로 붐볐어. 더욱이 이날 미국 공보원은 남산 야외 음악당에 대형 스크린을 설치했는데 가랑비 내리는 남산에 5만 명이 넘는 사람들이 모여들었대.

1970년대 방송계는 1969년에 새로 문을 연 MBC TV가 가세하면서 치열한 경쟁이 시작됐어. 이때 먼저 앞서간 쪽은 TBC였지. 일일 연속극「아씨」가 엄청난 인기를 얻었거든. 저녁 9시대에 방송한 이 드라마는 시작되기 전 "빈방의 전등을 끄고 수도꼭지를 잠그고 좀도둑을 조심하라"는 자막을 띄울 정도로 주부들의 사랑을 받았어. 텔레비전 시대로 나아갈 수 있었던 것은 일일극의 성공 때문이었지.

텔레비전은 그 자체로서 근대화의 상징이었어. 오랫동안 정부의 홍보 매체였지만 다양한 볼거리를 제공했지. 이후 텔레비전은 다른 사람과 비슷한 삶을 살아가고 있음을 표현해 내는 기준이 되었어. 곧 텔레비전은 단란한 가정생활을 하기 위해 가장 먼저 갖출 살림살이였지.

17

___ 컬러 TV

___ 1980년대 들어서면서 방송계는 통폐합이라는 조치가 가해졌어. 상업방송을 모두 없앤 거지. TBC가 없어지면서 KBS로 통합됐고, MBC는 대주주가 KBS로 바뀌었어. 이러한 통폐합과 더불어 방송가에서는 오랜 열망이었던 컬러 TV 방송이 시작됐어. 물론 전에도 미군 방송인 AFKN은 컬러로 시청할 수 있었지. 그렇지만 값이 비싼 데다 영어를 모르면 흑백 TV와 다를 바 없는 물건이었기 때문에 컬러 TV를 가지고 있는 집은 드물었어. 집집마다 안방이나 거실에 TV가 놓인 것은 1980년대에 컬러 방송이 시작되면서 컬러 TV가 등장했을 때부터야.

첫 컬러 방송은 1980년 12월 1일 '수출의 날' 기념식 중계방송이었어. 이때 정부와 방송국의 가장 큰 관심은 이 행사에 참여하는 전두환 대통령이었지. 어떤 색깔의 옷을 입어야 대통령이 인자하고 잘생겨 보일지 디자이너, 방송국 직원, 청와대 비서관들이 모여 머리를 맞대고회의를 했대. 쉽게 말하면 대통령의 '화면발' 때문이었지. 그 결과 회색 바탕에 가는 줄무늬가 있는 양복을 입기로 결정됐다지. 첫 컬러 방송이 TV 전파를 타는 순간, 대한민국에서 가장 바쁜 사람은 상공부 공무원들이었대. 이들은 서울 시내에 컬러 TV가 있는 곳, 가전제품을 파는 가게에 나가 국민들이 대통령의 옷과 인상에 대해 뭐라고 말하는지 조사했다는구나.

1980년 9월에 제11대 대통령에 취임한 전두환은 그해 12월에 과감하게 컬러 TV 방영을 허용했어. 국민들의 지지를 조금이라도 더 받아 보려는 선심 정책이었지. 전두환 대통령은 국민들에게 환심을 얻기 위해 프로야구 창설, 야간 통행금지 해제 따위의 각종 정책을 내놓았는데 컬러 TV 방송도 그 가운데 하나였어. 1970년대 말 세계 불황으로 컬러 TV 수출이 급격하게 줄어들면서 적자 상태에 빠진 가전 회사들을 돕기 위해서이기도 했지. 정부는 국민들이 컬러 TV를 많이 사게 하려고 TV를 사면 돈을 빌려줬거든.

컬러 TV의 등장은 생활의 많은 부분을 바꾸어놓았단다. 흑백 화면만 보아왔던 사람들은 컬러 TV의 화려한 색깔에 매료됐어. 거실이나 안방에 온 가족이 둘러앉아 TV를 보는 시간이 늘어갔고, TV에서 쏟아져 나오는 말들을 참인 양 믿었지. 텔레비진에 나온 말이라고 하면 말다툼이 끝날 정도로 텔레비전은 최고의 권력을 누렸어. TV 방송이 국민들의 생각을 지배하게 된 거야.

전두환 대통령은 강력해진 방송의 힘을 정권 홍보에 이용했어. 저녁 9시 뉴스 시간에 '뚜뚜' 하고 시간을 알리는 소리가 끝나면 아나운서는 언제나 "전두환 대통령 각하께서는 오늘……"이라는 멘트로 뉴스를 시작했어. 사람들은 TV 뉴스를 '뚜뚜전 뉴스' 또는 시보 끝의 '땡'과 대통령의 성인 '전'을 붙여 만든 '땡전 뉴스'라고 비웃었지. 땡전 뉴스는 국민들의 반발을 사 1980년대 중반에 시청료 거부 운동이 전국으로 퍼지게 됐어.

1990년에는 상업방송인 SBS(서울방송)가 생겨 과거 TBC의 뒤를 이었어. 그리고 1996년에는 케이블 TV와 지역 민영방송이 개국함으로써 우리나라에서도 다매체 다채널 시대가 열리게 됐지.

그렇게 컬러 TV가 '바보상자' 노릇을 했어도 컬러 TV에서 시작된 '색'은 일하고 절약할 줄밖에 모르던 사람들에게 멋내는 일을 알려주었어. 청소년들은 '영 일레븐', '젊음의 행진' 따위의 화려한 쇼 프로그램에 열광했지. 방송에 나온 연예인들의 옷차림은 며칠 뒤 거리에서 볼 수 있었고, 팬클럽인 '오빠부대'가 생겨났어. 이렇게 텔레비전은 생활양식과 사회규범, 문화까지 바꾸어놓았단다.

18

신세대와 N세대

자기를 표현하는 데 주저하지 않는 세대, 민족적 특수성보다는 세계적 보편성에 익숙한 세대, 세상을 논리로 이해하기보다는 감각으로 느끼는 세대. 그들이 바로 '세계화'가 낳은 X세대야. 캐나다의 소설가 더글러스 쿠플랜드(Douglas Coupland)의 소설 제목이기도 한 'X세대'는 미국에서 1993년부터 새로운 소비층으로 등장한 베이비 붐 세대의 자식 세대를 일컫는 말이었어. 우리나라에서는 '신세대'라 불렸지.

전 세계 X세대의 공통점은 먹을거리, 패션, 음악, 스포츠 따위를 공유한다는 거야. 이들에게는 힙합 바지가 제복이고, 맥도널드 햄버거와 피자가 주식이야. 여기에 의식 세계를 지배한 PC가 있었지. X세대는 구세대와는 다르게 인종·국가·종교 따위와 얽힌 대립에서 자유로우며, 지난날의 대립과 반목을 극복하는 대체 세력으로 등장했어. 시장원리의 철저한 신봉자이기도 했지.

한국 사회에서 신세대들은 소비 감각이 발달하고 패션과 유행에 민감했어. 이들은 개성이라는 이름으로 스스로를 차별화하고 역사보다는 개인에 관심을 기울였어. 욕망을 감추기보다는 드러내며 돈에 대한 관심을 당연하게 여겼지. 이들은 영상으로 의사소통과 감정을 전달하는 영상 세대이기도 해.

신세대의 감성과 모습을 가장 잘 보여준 것은 '서태지와 아이들'의 노래와 몸짓이었어. 얌전히 서서 노래하지 않고 격렬하게 춤을 추면서 말도 아니고 노래도 아닌 형태로 웅얼거리는 랩은 모든 이들에게 충격이었지. 이들이 입고 나온 반바지와 돌려 쓴 모자, 골반에만 걸친 헐렁한 바지 따위에 10대들은 큰 지지를 보냈지. 이러한 신세대 대중가요는 1994~1995년에 절정에 이르렀어. 노래의 소재도 다양해졌을 뿐 아니라 표현에 자신감이 넘쳐났지. 그런데 신세대 대중가요는 1996년에 '서태지와 아이들'의 갑작스러운 은퇴로 꺾이기 시작했어.

신세대 대중문화는 또 새로운 공간을 만들어냈어. 이들에게 커피 전문점은 커피를 마시기보다는 웃고 이야기할 수 있는 공간이었지. 또 커피 전문점은 예전의 다방처럼 지하나 2층이 아니라 누구나 볼 수 있는 1층에 자리했어. 기성세대에게 유흥은 직장이나 가정에서 받은 스트레스를 해소하는 수단이었지만 신세대들에게 유흥은 놀이와 만남이었어. 자신을 표현할 수 있는 공간은 학교나 도서관이 아닌 록카페 같은 유흥 공간이었지. 1970~1980년대 젊은이들 사이에 유행했던 디스코텍은 좁은 무대와 넓은 객석으로 꾸며진 공간이야. 객석에 앉은 구경꾼들은 무대에 올라 춤추는 사람들이나 가수들의 공연을 구경하면서 스트레스를 풀었지. 그렇지만 록카페는 좀 달랐어. 좁은 공간에서 서로 어울려 빠른 박자의 음악에 맞춰 어깨를 부딪치며 춤을 추는 록카페는 구경꾼과 행위자, 무대와 객석의 경계가 아예 없었거든. 디스코텍과 달리 록카페에서는 모두가 문화의 행위자였던 셈이지.

이런 신세대 문화는 자본주의가 만들어낸 조작된 문화 상품이라고 비판받곤 했어. 왜냐고? 신세대를 상징하는 미국의 힙합 문화는 본래 오랜 시간에 걸쳐 형성된 '길거리 문화'야. 이 문화는 기성 문화의 틀에 얽매이지 않는 역동성과 창의성을 갖고 있었지. 또한 주로 흑인들이 자신들의 삶을 표현하다 보니 사회의 규범, 질서, 제도에 대해 비판적이었어. 심지어는 '갱스터랩'이란 표현에서 보듯이 폭력적이기도 했단다.

그런데 우리의 힙합 문화, 신세대 문화는 이와는 조금 달랐어. '하늘에서 뚝 떨어졌다'는 표현이 어울릴 만큼 갑작스레 등장했지. 그러다 보니 신세대들은 스스로 힙합 문화를 만들어가기보다는 이를 받아들여 즐기기에 바빴지. 내용도 사회 비판보다는 사랑과 이별이 주를 이루었어. 그러다 보니 구경꾼과 행위자의 경계를 없앴다는 신세대의 놀이와 만남은 "록카페를 나서는 순간 사라졌다"는 볼멘소리가 나오게 된 거야. 나아가 신세대의 소비문화가 음반을 제작하거나 록카페를 만든, 그리고 힙합 가수를 모델로 내세워 상품을 파는 사본을 배불려준다는 비판을 듣게 되었지.

그렇지만 이미 만들어진 문화를 그대로 받아들이기만 하는 것이 아니라 새로움을 추구한 신세대들은 지금의 우리 대중문화를 이끌어낸 세대야. 나아가 무조건 금욕과 절약만 외치던 시대, 생산자의 입맛에 소비자가 따라가야 하는 시대는 지났음을 상징하는 세대이지.

X세대가 준 충격이 가시기도 전에 다시 N세대(Net Generration)가 출현했어. 컴퓨터는 많은 문제들에 빠른 해답을 주었지. 마치 컴퓨터로 해결되지 않는 문제는 없는 것 같아.

N세대는 '오늘의 인기가요' 시간에 맞추어 텔레비전 앞에 앉아서 서태지가 나오기를 기다리는 촌스러운 짓은 하지 않아. 그들은 자기 소유의 컴퓨터로 온갖 정보를 받거나 만들어 자신과 연결되어 있는 수백만, 수천만의 N세대에게 한꺼번에 쏘아 보내. 그것이 또 짧은 시간 안에 수많은 다른 정보로 수정되거나 가공되어 인터넷 공간을 떠돌지. 이들의 세계는 온라인과 오프라인으로 이루어져 있어.

1992년에 1,000명당 20대 정도였던 PC 보급률은 2002년에는 76대로까지 늘어났어. 정보통신망 가입자는 1992년에 1만 명당 27명이었던 것이 2002년에는 3,454명으로 100배 이상 늘어났지. 인터넷 접속률은 2013년 98.1%로 늘었어.

N세대가 넘나들며 노는 온라인 세계를 사이버 세계라 하지. 그런데 이 사이버 세계는 컴퓨터 속에 만들어진 가상 세계에만 머물러 있지 않아. 사람들은 사이버 세계에서 물건을 사고, 신문을 보거나 지식을 얻고 있거든. 또한 보이지도 만져지지도 않는 사람과 사랑을 나누고, 현실에서는 도저히 가능하지 않은 초능력을 발휘하기도 해.

사이버는 실제로는 고립되어 있는 개인들을 실시간으로 결합시킴으로써 새로운 공동체를 만들어냈어. 이 공동체는 인종이나 국적, 나이, 성별에 방해받지 않아. 네티즌은 가상 세계에서만 아니라 현실 세계에서도 무서운 힘을 발휘하기 시작했어. 한일 월드컵의 열기가 뜨겁던 2002년 6월 13일에 경기도 포천에서 두 여중생이 미군 장갑차에 치여 죽은 사건이 일어났잖아. 이 사건은 처음에는 언론의 조명을 받지 못했으나 한 네티즌이 인터넷에 두 여중생을 추모하는 촛불 이미지를 올리면서 커다란 반향을 불러일으켰지. 급기야 그해 겨울 월드컵 응원 인파를 연상시킬 만큼 많은 네티즌이 서울 광화문 일대를 촛불 바다로 만들었고, 불평등한 한미 관계에 대한 각계의 반성을 이끌어내기에 이르렀어. 그 뒤 촛불시위는 대중이 자신들의 의사를 표시하는 문화로 정착됐지. 이 문화의 중심에 N세대가 자리 잡고 있어.

3장

금지와 국가

19

몸뻬

한국전쟁을 치르면서 여성들의 옷에도 변화가 일어났어. 이전까지만 해도 여성은 바지를 잘 입지 않았는데 몸뻬를 입으면서 바지를 입는 일이 친숙해졌지. 동사무소 앞에 "몸뻬를 입지 않은 여성은 들어오지 마시오"라는 푯말이 붙기까지 했어. 이 조치에 사람들의 불만이 터지자 내무부 장관이 '몸뻬 단속에 대하여'라는 담화를 발표하기도 했지.

'몸뻬' 착용 강요가 없도록 각 취체 당국의 주의를 환기 (…) 경찰관들도 (…) 민중의 일상생활에 간섭하며 (…) 부녀자를 모욕 내지 인권을 유린하는 (…) 사실이 왕왕 적발 보고되어 온다. 특별히 소위 몸뻬의 단속이 (…) 예의 하나이다.(〈동아일보〉, 1951년 3월 12일)

몸뻬는 허리와 발목에 고무줄을 넣어 일하기 편하게 만든 옷인데

'일바지'라고도 해. 그런데 왜 몸뻬를 입지 않으면 동사무소에 못 들어
가게 했을까?

전쟁을 하려면 돈이 많이 필요하잖아. 전쟁을 하는 나라에서는 국민
들에게 세금도 더 내라고 하고 길거리에서 모금 운동도 하고 그래. 그

"마카오 신사 숙녀여! 양심이
있나?"라며 전방에서 군인들은
싸우는데 후방에서 사치하고 있다고
질타하는 포스터야.

▶ 국방부 정훈국 광고

러니 여성들한테도 사치하지 말고 절약해서 전쟁에 쓸 돈을 모으라고 한 거지. 전쟁 동안 여성들은 윗도리는 한복 저고리를, 아랫도리는 몸뻬를 입었어. 지금 보면 우스꽝스러운 모습이지.

몸뻬는 언제부터 입기 시작했을까? 한국전쟁 때 처음 입었던 것은 아니야. 몸뻬는 원래 일본 여성들이 입던 일바지였어. 1941년에 한복 치마가 활동하기 불편하다고 몸뻬를 입으라고 했지. 그러다가 1944년에 몸뻬 복장이 아니면 버스나 전차의 승차를 거부하고 집회장과 관공서의 출입도 금지했어.

- 부인은 외출이나 여행할 때뿐만 아니라 가정에서도 몸뻬를 입어 어느 때든지 방공 활동을 할 수 있도록 한다.
- 관공서 · 학교 · 회사 · 공장 · 조합의 식당이나 상점의 종업원은 반드시 몸뻬를 입어야 한다.
- 전차 · 버스에서도 '몸뻬를 입지 않은 부인은 차를 타지 말아 달라'는 글을 붙여 부인들의 반성을 촉구한다.
- 경찰관의 협력을 얻어 몸뻬를 안 입은 여성들의 반성을 촉구한다.

(〈매일신보〉, 1944년 8월 11일)

일제는 여성들을 방공훈련에 동원하기 위해 몸뻬를 입으라고 한 거야. 바지를 입으면 훈련할 때 빨리 움직일 수 있잖아. 한국전쟁 때는 활동성보다는 물자를 절약하고 허영과 사치를 배격해야 한다는 차원에서 몸뻬가 강요됐어. 몸뻬는 입으라고 적극 권장했지만 양장은 금지됐지. 양장을 입은 여성은 '사치와 허영'에 빠진 여성들이라고 비난받았어. 그런데 양장은 원조로 보내온 구제품에 섞여 들어온 거야. 그래서 피난 생활을 하면서 양장이 빠르게 퍼져나갔지. 1950년대 초반의 구호물자는 한복을 양장으로 빠르게 변화시키는 계기였거든. 1950년대 후반에는 한복과 양장의 착용 비율이 거의 비슷해질 정도로 양장 착용이 빠르게 늘었지.

또 사람들은 질겨서 오래 입을 수 있는 옷을 좋아했어. 바로 나일론

"신생활운동의 제1탄"이라며 풀을 먹이지 않아도 되고 다림질도 잘 되고 세탁할 때 비누를 사용하지 않아도 때가 잘 진다고 특징을 소개하고 있네.

◀ 나일론 옷감 광고

옷감으로 만든 옷이야. 나일론은 질기고 가벼워서 여성들의 블라우스는 물론 속옷에도 두루 사용됐단다. 낙하산 천으로 만든 블라우스도 굉장한 인기를 끌었어. 이때 최고의 멋쟁이는 낙하산 원단으로 만든 블라우스에 폭이 좁은 스커트를 입고, 핸드백과 양산을 들고, 구두를 신은 여성이었대.

남성들 옷은 군복이나 구호물자로 들어온 것이 대부분이었어. 이 옷들을 염색하는 전문 염색점이 서울 청계천변에 생겼는데, 드럼통에 검정 물을 끓여서 군복을 물들이는 곳이 즐비하고 돌 위에 염색한 옷을 말리는 광경은 청계천변의 새로운 풍경이었지.

20

국민복

1978년에 체신부 장관은 체신부 여직원이 입으면 안 되는 옷 네 가지를 지정했어. 빨간색 옷, 노란색 옷, 알록달록한 무늬의 옷, 소매가 짧은 옷이었지. 만약 이러한 옷을 입었다가 발각되면 구내방송을 통해 이름을 공개하겠다고 엄포를 놓았어. 하지만 실제로 발각되어 구내방송으로 발표된 일은 없었대.

오늘날엔 우스운 일로 여기겠지. 격분한 네티즌들에게 체신부 장관의 신상이 털렸을지도 모르고. 그런데 그때는 장관이 나서서 입으면 안 되는 옷을 정하는 일은 당연하다고 생각했어. 국민들에게도 '국민복'이나 '재건복' 또는 '간소복'이라는 이름의 제복을 입히려고 했었거든.

정부는 1961년 10월에 전 국민에게 표준 간소복을 정해 입으라고 했어. 표준 간소복이란 국가에서 일률적으로 지정했다는 뜻에서 표준이고, 한복 대신 활동하기에 편리한 간편복이란 뜻에서 간소복이야. 이 옷을 제정한 까닭은 한복에 비해 돈이 많이 들지 않아 옷값에 소비

▲ 간소복 홍보

"검소한 복장으로 새살림 이룩하자", "사치한 옷차림에 집안살림 무너진다"는 문구를 내걸고 거리에서 홍보하는 모습이야.

▲ 신생활 간소복 패션쇼

1961년 9월 30일에 열린 '신생활 간소복 패션쇼'의 모습이야.

되는 돈을 아낄 수 있고, 간소복을 입음으로써 '재건' 정신을 기를 수 있다고 생각했기 때문이지. 간소복의 종류는 남자 근무복, 여자 근무복, 남자 하절(여름) 근무복, 남자 하절 노동복, 여자 하절 근무복, 여자 개량한복 등 여섯 가지였어.

정부는 모범을 보이기 위해 공무원들에게 공무원 근무복을 입으라고 강요했어. 남성용 근무복은 넥타이의 유무와 단추의 개수에 따라 구분했고, 여성용 근무복은 무릎과 발목 중간 정도의 치마 길이를 한 원피스였어. 공무원들의 근무복은 1996년에 사라졌지.

공무원을 중심으로 시행됐던 근무복은 그 옷을 입은 모든 공무원을 국가에 충성하는 단순한 사람들로 만들 수 있는 훌륭한 방법이었어. 근무복은 자유롭고 싶은 개개인에게 국가가 요구하는 하나의 색과 생식만을 강요하는 수단이었던 셈이야. 곧 간소복은 교복과 비슷한 역할을 한 거지. 교복은 여러 가지 면에서 편리성을 추구했지만 미성년자를 통제하고 감시하는 장치라 할 수 있어. 조선시대에 옷만 보고도 신분을 알 수 있었던 것처럼 말이야. 이러한 발상은 일제가 1940년에 국민복령을 내려 법으로 남성에게는 국민복을, 여성에게는 몸뻬를 입힌 것과 닮아 있어.

21

미니스커트와 장발 단속

미니스커트는 1967년에 미국에서 활동 중이던 가수 윤복희가 귀국하면서 입고 와서 크게 유행했어. 미니스커트를 입지 않으면 촌뜨기로 취급받을 정도로 여성들 사이에 유행했지. 국가에서 만든 재건복에 만족하지 않았던 젊은 세대의 소비문화로 자리 잡은 미니스커트의 유행은 새로운 세대 문화의 등장을 뜻했지.

1970년대 중후반에는 장발에 청바지를 입고 통기타를 메는 것이 기성세대에 대한 반발과 분노를 드러내는 한 방법이었어. 청바지는 미국의 히피들이 기성세대에 대한 저항의 표시로 입었던 거야. 우리나라에서는 팝송과 함께 들어와 대학생의 제복이 되다시피 했지. 통기타와 함께 '빡바지'라 부른 청바지와 티셔츠는 그때 청년 문화를 표현하는 수단이었어. 각종 금지와 통제 아래에서 복장이나 머리 길이에서만이라도 자유를 만끽하고픈 젊은이들의 저항 의식이 발동했거든. 곧 장발과 청바지, 미니스커트는 1970년대를 상징하는 하나의 문화 현상이었지.

재건복이다 간소복이다 하여 국민들의 옷을 통제하려 했던 박정희 정권은 이런 젊은이들의 차림새를 두고만 보지 않았어. 미풍양속을 보호한다는 명분으로 젊은이들의 두발과 복장까지 제약을 가하고, 길거리를 지나가는 사람들의 차림새를 단속하기 시작했지.「경범죄처벌법」에 따르면 미니스커트 단속 기준은 무릎 위 20센티미터였어. 경찰이 자를 들고 다니며 길거리에 쪼그리고 앉아 미니스커트를 입은 여성들의 무릎에서부터 치마 끝까지의 길이를 재고 다녔지. 또 토요일에 교외로 나가는 젊은이들을 '풍기문란'이라는 이유로 청량리역에다 기타를

치마 끝에서 무릎까지의 길이를 재고 있는 모습이야. 지금 같으면 성희롱에 해당하는 일이지.

▶ 미니스커트 단속

맡겨놓게 하고 열차를 타게 했다는구나.

경찰은 또 가위를 들고 다니며 장발을 단속하러 다녔어. 1974년 6월 장발족 무기한 단속에 나선 서울시경은 약 일주일 동안 1만 103명을 단속했어. 이들 가운데 9,841명은 머리카락을 깎아 풀어주고 이를 거부한 262명을 즉결심판에 넘겼어. 단속 대상은 옆머리가 귀를 덮고 뒷머리가 옷깃을 덮거나 파마를 한 경우였대.

하지만 젊은이들의 머리 모양과 복장을 법으로 통제하려는 정부의 조치는 그리 효과를 거두지 못했어. 1980년에 가서야 정부는 장발 단속이 잘못됐음을 시인하고 내무부 장관이 장발 단속을 그만두라고 지시했지. 개인이 자기 머리카락을 짧게 깎든 길게 기르든 이는 국가의 간섭으로부터 자유로운 영역에 속하는 문제로 개인의 자유권에 속해. 장발이 무슨 전염병도 아닌데 질서유지를 이유로 이를 범죄자로 취급하는 발상은 통제의 시대로 불리는 1970년대 정권의 의식 수준이었지.

22

금지 가요

금지곡은 공공장소나 방송에서 부를 수 없도록 규정된 노래야. 표절이나 가사 저속 따위를 금지 이유로 내세우고 있지만 다른 요소가 작용한 경우가 훨씬 많아.

1951년에 공보처장은 일본 음반 유통을 금지하는 경고 담화를 발표했어. 이렇게 일본 음반은 1961년까지 경찰의 단속 대상이었지. 5·16 군사쿠데타 뒤 노래에 대한 통제가 본격적으로 추진됐어. 그 역할을 담당했던 기관이 1962년 6월에 설립된 한국방송윤리위원회야. 방송윤리위원회는 1965년에 116곡을 방송금지곡으로 결정했어. 이때부터 방송금지곡이 탄생했지. 방송윤리위원회의 금지 번호 1번을 기록한 가요는 「기로의 황혼」이었어.

그러냐 그러냐 못 믿을 인심이란 모두가 그러냐

깨어진 행복이요 무너진 희망이언만

갈 곳 없는 내 신세 괄세받은 내 한 몸엔

고향도 없고 돈도 없고 사랑도 없다

(조명암 작사, 박시춘 작곡, 남인수 노래)

신세 한탄을 한 이 노래는 왜 금지됐을까? 작사가가 월북했기 때문이었어. 실은 이 노래도 조명암이 작사한 원래 가사가 아니라 일부 개사한 거야. 방송윤리위원회가 마련한 방송 심의 조항에는 '국가의 존엄과 긍지를 손상할 우려가 있는 음악', '건전한 국민 정서의 함양과 명랑한 사회 분위기 조성을 저해할 우려가 있는 음악', '가사 또는 곡이 표절인 음악'은 방송을 금한다고 규정돼 있어. 이 기준은 계속 유지됐지.

1972년 10월 유신헌법 선포 뒤 각 방송사들은 대중가요에 대한 자체 심의제를 도입해 눈물이나 한숨 따위를 담고 있는 노래는 자제하고 건전가요만을 방송하기로 결정했어. 1975년에 긴급조치 9호가 발표됐잖아. 그때 박정희 정권은 공연 활동의 정화 대책을 발표해 모든 공연 예술의 심의를 강화했어. 특히 대중가요 심의는 예전 노래나 최근에 만들어진 노래를 가리지 않고 실시됐지. 심지어 이미 나와 있는 음반까지 폐기됐어. 방송금지곡의 금지 사유는 크게 작가 월북, 왜색, 표절, 창법 저속, 가사 저속, 퇴폐와 허무, 애상, 불신감 조장, 품위 없음, 불건전 따위였지.

작사가의 월북으로 금지된 노래 가운데 다수는 조명암과 박영호가 작사한 것들이야. 「낙화유수」, 「남행열차」, 「청춘야곡」, 「울며 헤진 부산항」 따위는 조명암이 작사한 노래이고, 박영호 작사의 금지곡으로는

「연락선은 떠난다」, 「오빠는 풍각쟁이」 따위가 있었어.

왜색으로 금지된 노래 가운데 화제가 된 노래는 이미자의 「동백 아가씨」야. 1964년에 발매되어 큰 인기를 얻은 이 노래는 1966년에 방송윤리위원회가 왜색을 이유로 방송금지곡으로 지정한 뒤 음반 판매마저 금지됐지. 그런데 이 노래를 금지한 진짜 이유는 왜색풍보다는 1965년에 한일 국교 정상화를 둘러싼 국민의 반일 감정을 무마하기 위한 희생양이라는 소문이 나돌았어.

곡이 청승맞아서 듣는 사람을 슬프게 하거나 지나치게 발랄해서 고고춤을 추기에 적당한 노래도 가차없이 금지곡이 됐지. 「기러기 아빠」는 부모를 잃은 아이들의 이야기를 소재로 했는데 '곡이나 창법이 지나치게 비탄'이라는 이유로 금지곡이 됐어.

산에는 진달래 들엔 개나리
산새도 슬퍼 우는 노을진 산골에
엄마구름 애기구름 정답게 가는데
아빠는 어디 갔나 어디서 살고 있나
아아 우리는 외로운 형제 길 잃은 기러기
(김중희 작사, 박춘석 작곡, 이미자 노래)

금지 사유 가운데 가장 애매했던 것이 '방송부적'이란 사유야. 이 이유로 금지된 대표적인 노래는 김민기의 「아침 이슬」, 송창식의 「고래 사냥」, 「왜 불러」 따위가 있어. 「아침 이슬」은 1971년에 발표되어 건전가요로 선정돼 방송에도 자주 나왔던 노래야. 그런데 대학생들이 많이 부르자 1975년에 '방송부적'이란 이유로 금지시켰지. 송창식의 「왜 불러」는 1975년에 개봉된 하길종 감독의 영화 「바보들의 행진」에 삽입되어 큰 인기를 얻었던 노래야. 이 영화에는 경찰이 장발을 단속하려고 길

'방송부적'이라 적혀 있네.

▶ 금지곡

가는 청년을 부르자 청년이 경찰을 피해 도망가는 장면이 있어. 이 장면에서 「왜 불러」라는 노래가 배경음악으로 흘러나왔는데, 이 장면이 문제가 돼 「왜 불러」는 금지곡이 됐고 영화는 상영할 수 없었지. 1975년에는 무려 225곡의 대중가요가 금지곡으로 지정됐대.

1987년 8월에 왜색으로 금지된 36곡, 가사 퇴폐와 창법 저속으로 금지된 136곡, 표절로 금지된 9곡, 시의에 맞지 않다는 이유로 금지된 김민기의 「아침 이슬」을 포함해 5곡 등 186곡이 금지곡에서 풀려났어.

오늘날 가요나 뮤직비디오 제작과 관련한 사전심의제는 존재하지 않아. 하지만 방송금지곡 제도가 완전히 없어진 것은 아니야. 아직도 '방송부적'으로 금지곡 리스트에 올라 있는 곡이 2,000곡이 넘는대.

23

금서와 불온도서

금서란 이미 출판된 책이라면 읽지도 판매하지도 못하게 하고, 출판되기 전이라면 출판하지 못하게 금지한 책을 말해. 인간이 문자를 사용한 이래 많은 책이 금지되고 불태워졌어. 그렇지만 그 책들은 질기게 살아남았지. 또한 불멸의 고전으로 추앙받기도 해. 『성서』와 『코란』도 금서였어. 몽테뉴의 『수상록』, 토머스 모어의 『유토피아』, 허균의 『홍길동전』, 박지원의 『열하일기』, 정약용의 『목민심서』도 금서였지.

이런 금서들은 그때에는 음란하다거나 신성모독 또는 반역사적이라는 낙인이 찍혔어. 이 책들이 왜 위험한 걸까? 책이 나왔던 시대에 중심이 된 가치체계를 뒤흔들고 권력을 비판했기 때문이지. 이 책들은 결국 낡은 사회를 뒤엎고 새로운 사회를 향해 나아가게 한 거라 말할 수 있어.

그렇다면 한국 현대사에서 금서는 어떤 책들이 있을까? 해방 뒤 출판물의 통제는 미 군정청이 1946년 5월 4일에 「군정법령」 제72호를 공포하면서 시작됐어. 「군정법령」 제72호는 '군정 위반에 대한 범죄'를 규정한 것인데 총 6조로 구성되어 있어. 제1조는 무려 82개에 달하는 범죄 행위가 나열되어 있지.

> 주둔군의 이익과 반하는 행위를 원조하는 인쇄물과 서적의 발행·유포(22호), 주둔군과 연합군 또는 그 국민에게 유해·불손하고 불평·불쾌를 조장하면서도 신고되지 않은 인쇄물·등사물·서적의 발행·수입·유포(31호), 주둔군과 그 명령에 따르는 자의 인격을 손상하는 유언비어의 살포 행위(32호)

이런 행위는 모두 불법행위로 규정됐어. 이에 따라 조선문학가동맹을 결성한 임화의 시집 『찬가』(백양당)가 1947년 5월 24일에 발매 금지됐어. 이는 해방 뒤 첫 금서 조치였지. 김구의 자전적 독립운동 기록인 『백범일지』도 금서 취급을 당했어. 이 책은 1947년 국사원에서 출판되어 5,000부가 순식간에 팔려나간 베스트셀러였어. 1949년 6월 26일 김구가 저격당할 때까지 5쇄가 나왔대. 그런데 김구의 피살과 함께 『백범일지』도 이승만 정권 아래에서 소리 없이 금서가 됐지. 『백범일지』뿐만 아니라 김구와 관련된 책도 금서 조치를 당했어. 1949년 11월에 서울시 경찰국장은 한국독립당의 반민족적 언론 출판 발행 문제와 불온 언론 출판에 대해 다음과 같이 발표했지.

한독당은 소위 임정의 법통 계승을 완강히 주장, 자파 일색의 정권 획득에
서 민족 총의와 국제적 승인하에 실시한 5·10총선거와 대한민국 정부 수
립을 단선단정(單選單政)이라고 반대·방해하여 온 반면, 소위 남북 정치지
도자 협상 운운의 미명하에 (…) 동 당수 김구 씨 서거 이후에 있어도 (…)
반국가적 반민족적 행동을 감행하여 온 것은 물론, 또한『김구 주석 최근 언
론집』(저자 엄항섭, 1948년, 삼일출판사 발행)이란 책자를 통하여 (…) 대한민
국 국헌을 위반하여 정부 시책을 반대·방해하고 민심을 교란하여 치안을
방해하므로 당국은 단연 본 책자를 차압처분에 부하는 동시에 금후 차종
불온 언론 출판물에 대하여는 철추를 가할 것을 언명하는 바이다.(〈서울신
문〉, 1949년 11월 8일)

한국전쟁 뒤에는 단지 월북했다는 이유만으로 월북 작가의 작품을
읽거나 갖고 있기만 해도 처벌을 받았어. 1982년 12월에 전북 군산의
고등학교 교사가 월북 시인 오장환의 시집『병든 서울』필사본을 돌려
읽었다는 이유로 국가보안법 위반으로 유죄를 선고 받기도 했지. 정지
용의「향수」, 백석의「사슴」, 이태준의「복덕방」, 임화의「우리 오빠와 화
로」, 오장환의「고향 앞에서」등 월북 시인과 소설가의 작품은 1980년
대 중반까지도 배울 수도 없었고 출판되지도 않았어. 1988년 월북 작
가 해금 조치에 따라 비로소 그들의 글을 읽게 됐지.

　　『사상계』는 1950~1960년대 최고의 종합 월간지였어. 정부의 여러
정책을 비판하고 대안을 제시하여 지식인 사이에서 인기 있는 잡지
였지. 1970년 5월『사상계』에 김지하의 시「오적」이 발표됐어. 그런데

이 시가 신민당 기관지인『민주전선』6월 1일자에 다시 게재되자 중앙정보부가 반공법 위반 혐의로 김지하를 구속하고『사상계』를 폐간시켰지.

「배포 중지 국내 도서 목록(1974. 1. 1.~1982. 9. 30.)」에 따르면 배포 중지 도서는 254종으로, 공산주의 도서, 폭력을 정당화하는 유해 도서, 현실을 왜곡하고 부정하는 사회 안정 저해 도서, 음란 저속 도서로 분류됐어. 공산주의 도서에는『자본론』(맑스, 서울출판사, 1947),『노동의 역사』(바레 프랑소아, 광민사, 1979) 따위로 51종이 있었어. 폭력을 정당화하는 유해 도서에는『민족경제론』(박현채, 한길사, 1978),『민중시대의 문학』(염무웅, 창작과비평사, 1979) 따위 43종, 사회 안정 저해 도서에는『순이 삼촌』(현기영, 창작과비평사, 1977),『해방전후사의 인식』(송건호 외, 한길사, 1979) 따위 77종, 음란 저속 도서에는『남회귀선』(헨리 밀러, 청아출판사, 1980) 따위 83종이야. 이 책들은 오늘날 전혀 문제가 되지 않아.

리영희의『전환시대의 논리』(창작과비평사, 1974)는 1980년대에 들어와서 금서가 됐어. 시위 현장에서 연행된 대학생들이 이 책에서 영향을 받았다고 털어놓자 뒤늦게 금서로 지정됐지. 지식인들에게 많은 영향을 준『창작과비평』,『문학과지성』,『씨알의 소리』따위는 1980년 7월 출판물 일제 정비 때 강제 폐간됐어. 이렇게 금지된 책은 1985년까지 거의 300권에 이르렀어. 그런데 제5공화국의 금서 정책은 정부가 금서 목록에 올리면 책이 더 잘 팔리는 이상한 현상을 낳기도 했어. 이런 현상은 최근에도 일어났지.

국방부가 23개 서적에 대해 군부대 내에서 '금서 조치'를 내렸다는 소식이 전해지며 이들 책이 불티나게 팔리고 있다. 해당 도서들의 판매량은 모두 배 이상 증가했으며, 특히 『나쁜 사마리아인들』은 기사가 나온 31일의 판매량이 전일에 비해 10배 이상 늘어났다.(〈경향신문〉, 2008년 8월 1일)

2008년 7월 국방부는 23권의 책을 불온도서로 규정하고, 국방부 장관은 이 책들을 군내에 반입 금지하라고 각 군 참모총장에게 지시를 내렸어. 그러자 일부 군법무관들이 이 지시가 표현의 자유와 학문의 자유를 침해한다며 헌법재판소에 헌법소원심판을 청구했지. 그리고 해당 출판사와 저자들도 소송을 제기했어.

〈표 11〉 **국방부가 지정한 불온서적 목록**

구분	도서명
북한 찬양	『북한의 미사일 전략』, 『북한의 우리식 문화』, 『지상에 숟가락 하나』, 『역사는 한번도 나를 비껴가지 않았다』, 『왜 80이 20에게 지배당하는가?』, 『북한의 경제발전 전략』, 『통일, 우리 민족의 마지막 블루오션』, 『벗』, 『미국이 진정으로 원하는 것』, 『대학시절』, 『핵과 한반도』
반정부·반미	『미군 범죄와 SOFA』, 『소금꽃나무』, 『꽃 속에 피가 흐른다』, 『507년, 정복은 계속된다』, 『우리 역사 이야기』, 『나쁜 사마리아인들』, 『김남주 평전』, 『21세기 철학이야기』, 『대한민국사』, 『우리들의 하느님』
반자본주의	『세계화의 덫』, 『삼성왕국의 게릴라들』

〈한겨레〉, 2008년 7월 31일.

국방부가 이 책들을 불온도서로 규정한 까닭은 '북한 찬양', '반정부·반미', '반자본주의'를 주장했다는 거야. 그런데 이 책들 가운데에는 베스트셀러로 10만 부 이상 팔린 책도 있었고, 대학 교양 교재나 독서 단체의 권장 도서로 선정된 책들도 있었어.

사람들은 2014년에도 멈추지 않고 이 책들을 읽고 있어. 읽지 말라고 하면 더 읽고 싶어지잖아. 무엇을 하지 말라는 것은 동시에 '해보라'는 유혹이야. 금기를 어기는 위반은 현실의 한계를 깨뜨리는 행위이기도 해. 금기에 대한 복종은 바로 욕망의 포기를 뜻하며, 이는 자유의 포기라고 할 수 있어. 그래서 불온도서로 규정되더라도 사람들의 책읽기는 멈추지 않는 거겠지.

24

야간 통행금지

"군경 합동 야간통행 단속, 오늘 9시를 기해 통제 강화 무제한 계속-검문 불응 차량엔 발포, 교통증도 새로 발급, 위단자 엄금 경고" (〈조선일보〉, 1975년 11월 14일)

저녁 9시를 기준으로 통행금지를 시행하고 검문에 응하지 않는 차량에는 발포하겠다는 내용의 〈조선일보〉 기사야. 전시 상황도 아닌데 공공연하게 차량에 발포하겠다고 엄포를 놓았는데 얼마나 살벌했을까. 그런데 이 기사는 야간 통행금지를 알린 거야. 24시간 편의점과 심야 영업을 하는 음식점이 있고 새벽에 일하거나 활동하는 사람들이 많아진 2014년 현재 우리들에게는 야간 통행금지가 선뜻 이해되지 않아. 야간 통행금지는 언제부터 시작됐을까?

미국 제24군 사령관 하지 중장의 지령에 의하여 9월 8일 이후 경성부(京城府), 인천부(仁川府)에서는 오후 8시부터 다음 날 오전 5시까지 아래 이외 사람의 통행을 금지함.

이에 위반하는 자는 엄중히 이를 처벌함.

1. 경찰관, 소방서원, 경방단원(警防團員), 기타 야경원.

2. 왕진 의사.

3. 집무상 금지 시간 내에 통행을 필요로 하는 자. 단 이 경우에는 관공서 직원은 관공서가 발행하는 증명서, 기타 자는 고주(雇主, 고용주)로부터 이를 명기한 관할 경찰서장이 인정하는 증명서를 소지할 것.

4. 미국 진주군 당국의 외출허가증을 소지한 자.

(〈매일신보〉, 1945년 9월 8일)

미 군정기 군정사령관 하지의 지령에 따라 1945년 9월 8일 이후 서울과 인천에 야간 통행금지가 내려졌어. 야간 통행금지는 모든 지역에 내려지지는 않았어. 다음 기사에서 그것을 확인할 수 있지.

16일 미국군 선견대 약 300여 명이 부산 지구에 도착 (…) 미국군 부산 제40부대 본부 육군 대장 쑤는 25일부터 부산 시내에서는 오후 8시로부터 익일 아침 4시까지의 사이에는 다음 사항에 해당하는 자 외에는 야간통행을 금지하는 포고를 발하였다.(〈매일신보〉, 1945년 9월 30일)

미군이 도착한 지역에 치안 유지라는 명목으로 야간 통행금지라는 군정명령이 내려졌던 거야. 그리고 1945년 9월 29일 일반명령 제6호로 야간 통행금지령이 발표됐어. 야간 통행금지는 해방 뒤 미 군정의 치안 유지를 위해 설정되어 한국전쟁과 분단을 거치면서 우리 생활에 자리 잡게 됐지.

미 군정기 때는 통금 시간이 이른 저녁부터 시작됐지만 그 뒤로는 밤 12시부터 다음 날 새벽 4시까지였어. 자정이 가까워지면 대중교통이 끊겨 통행금지 전에 귀가하려는 사람들이 택시를 잡아타기 위해 한바탕 소란을 벌이곤 했대. 밤 12시를 알리는 사이렌 소리와 함께 통행금지가 시작되면 방망이를 옆구리에 찬 푸른 제복의 방범대원이 호각을 불며 단속을 실시하고, 골목길마다 미처 귀가를 하지 못한 사람들과 방범대원의 추격전이 벌어지곤 했어. 운 없이 통행금지를 위반하여 적발되면 가까운 파출소에 끌려가 철창 속에서 지내다 새벽 4시경 통행금지가 해제될 무렵 각 파출소를 돌면서 통행금지 위반자를 실어 나르는 화물차에 실려 경찰서 유치장으로 이송돼. 그리고 즉결심판을 받고 벌금을 낸 뒤 풀려났어. 1년에 두 번 통금이 해제되는 날이 있는데, 크리스마스와 12월 31일 제야의 종이 울릴 때였지. 이때 사람들은 해방감을 만끽하려고 거리로 쏟아져 나왔어.

국민들은 야간 통행금지 폐지를 요구했지만 번번이 치안질서 유지라는 이유로 무산됐어. 행정 편의를 위해 법을 만들기는 쉽지만 없애기는 얼마나 어려운지를 알 수 있지. 그리고 야간 통행금지 폐지는 국민의 기본권 침해보다는 치안, 가정생활, 도시 소음 같은 문제로만 제기됐어. 태어나면서부터 야간 통행금지에 익숙해진 사람들 사이에선 야간 통행금지의 존치와 폐지가 기본권이 아닌 편의의 문제로 여겨졌던 거야.

야간 통행금지 조치가 해제된 때는 1982년 1월 5일이야. 1945년 9월에 통행금지가 시작된 지 37년 만에 해제된 거지. 야간 통행금지는 본래 전시나 천재지변과 같이 필요한 시기에 필요한 지역에 한해 실시되는 것이고, 그나마 국민의 기본권을 최대한 존중하기 위해 엄격한 법 절차를 거쳐야 해. 하지만 우리나라에서는 37년이라는 긴 시간 동안 야간 통행금지라는 비정상 상태가 마치 정상처럼 기능해 왔던 거야.

야간 통행금지 해제는 전두환 정권이 펼친 유화정책 가운데 하나였지만 우리에게 자유의 숨을 내쉬게 했어. 통금 해제는 국민들의 생활 리듬과 소비 형태를 바꾸어놓았지. 야간 유동 인구가 늘어남에 따라 심야극장이 성황을 이루었고, 심야 영업 업소와 24시간 편의점이 등장했어.

25

___ 검열과 법

_____ 금지와 통제에는 반드시 그것을 뒷받침하는 법률이 있어. 어떤 법률들이 금지와 통제를 정당화했는지 알아보자.

미 군정법령 72호(1946년 5월 4일) 유언비어 유포나 포스터, 전단 등의 방법으로 질서를 교란하는 행위는 처벌할 수 있다는 조항이 있어.

미 군정법령 88호(1946년 5월 29일) 신문 용지 부족이라는 이유로 신문, 정기간행물의 허가제를 실시했어. 이는 대한민국 정부 수립 뒤에도 유지됐지. 이승만 정권은 1959년 4월 30일 〈경향신문〉을 강제 폐간시켰어. 법적 근거는 미 군정법령 88호였지.

언론 단속 조항(1948년 9월 22일) 대한민국의 국시·국책을 위반하는 기사, 정부를 모략하는 기사, 공산당과 이북 정권을 인정 내지 비호하는 기사, 허위의 사실을 날조·선동하는 기사, 우방과의 국교를 저해하고 국위를 손상시키는 기사, 자극적인 논조나 보도로써 민심을 격앙 소란케 하는 외에 민심에 악영향을 끼치는 기사, 국가의 기밀을 누설하는 기사로 모두 7개 항목이야. 이에 따라 신문기자 40여 명이 검거되고 몇몇 신문이 폐간됐어.

국가보안법(1948년 12월 2일) 언론 사상 통제는 국가보안법의 제정으로 그 기본 틀이 마련됐어. 국가보안법은 1925년 치안유지법을 참조해 만들어졌지. 기사 게재 금지 대상에는 북한 정권을 국가로 인정하는 기사, 미군에 대한 비방을 담은 기사, 반란군을 동정하는 기사 따위가 포함되어 있었어.

긴급조치 9호(1975년 5월 13일) '유언비어의 날조와 유포, 학생들의 불법 집회·시위·정치 간섭 행위, 재산의 해외 도피, 불법 해외 이주, 공무원의 수뢰 및 회계 부조리 등을 엄단하고 유신헌법을 부정·반대·왜곡·비방하거나 개정 및 폐기를 주장·청원·선동 또는 이를 보도하는 일체의 행위를 금지한 것으로 그 위반자는 영장 없이 체포한다'는 것이 주요 내용이야.

긴급조치 9호 위반으로 많은 사람들이 구속되었고, 말도 안 되는 일도 많았어. 1977년에 연세대학교에서는 몇 명의 대학생이 '이심전심 유언비어 유포죄'란 터무니없는 죄로 경찰에 잡혀가기도 했어. 아무것도 쓰여 있지 않은 종이를 다른 학생들에게 나누어주자 무조건 끌고 갔다가 이유가 없사 경찰이 붙인 죄명이었지. 어이가 없었던지 학생들은 무죄 석방됐대. 〈표 12〉는 긴급조치 9호 위반으로 구속된 사람들의 죄명이야. 유언비어, 시위, 유인물 배포로 잡힌 사람들이 많네.

〈표 12〉 **긴급조치 9호 위반자 수**(단위: 명)

반정부 시위	반정부 집회	유인물 제작 · 배포 · 소지	유신헌법 비판 · 부정	벽서 · 벽보 작성	간첩 활동
103	3	110	23	3	3

사실 왜곡 · 유언비어	긴급조치 비방	재산 도피	해외 이주	뇌물 수수
273	3	6	8	5

민족문제연구소, 『식민의 유산, 유신의 추억』, 2012, 83쪽

4장

선거와 정치

26

기권은 국민의 수치, 투표는 애국민의 의무

제헌국회의원 선거

미국은 1947년 이전까지 연합했던 소련과 대립하기 시작하자 1947년 9월 한반도 문제를 유엔에 상정했어. 유엔은 1947년 11월 총회에서 유엔한국임시위원단(유엔한위)을 구성하고 인구 비례에 따른 남북한 총선거를 실시하기로 결정했지. 1948년 1월에 유엔한위 대표단이 남한에 들어왔어. 소련의 반대로 북한에는 들어가지 못했지. 남북한 총선거가 불가능해지자 2월에 유엔소총회는 5월 10일 남한만의 총선거를 치르기로 결정했어.

5·10선거는 성별과 신앙을 묻지 않고 21세 이상의 성인에게 동등한 투표권이 주어진 남한 역사상 최초의 보통선거였어. 하지만 5·10선거는 남한만의 단독정부를 수립하기 위한 선거였다는 점에서 사람들의 호감을 사기 어려웠대. 김구를 비롯한 민족주의자들은 선거 참여

를 거부하고 남북협상을 추진했고, 좌익은 단독선거·단독정부 반대 투쟁을 전개했거든.

이런 상황에서도 처음 실시하는 선거라 선거인 등록이 시작되었는데 선거인 등록률이 92%로 상당히 높게 나왔어. 그런데 다음 여론조사는 이것과 다른 상황을 말하고 있네.

> 한국여론협회에서는 4월 12일 정오를 기하여 서울 시내 충무로 입구와 종로 2가에서 통행인 1,262명을 대상으로 가두 여론조사를 하였다.
> 귀하는 등록하셨습니까, 안 하셨습니까?
> 하였소 924명(74%), 안 하였소 318명(26%)
> 자발적으로 하였습니까, 강요당하였습니까?
> 자발 84명(9%), 강요 850명(91%)
> (《서울신문》, 1948년 4월 13일)

위의 여론조사에 따르면 결국 선거인 등록이 대개 강요로 이루어졌음을 알 수 있어. 이런 분위기는 혼란만 일으킨다고 지적됐지.

> 무엇보다도 두드러지게 눈에 뜨이는 것은 이른바 '등록강요'란 말로 알려진 현상이니 어떤 동리에서는 청년단원과 경찰관까지 통하여 등록을 권고하되 '등록 안 하니 유령식구가 아닌가'고 짜증을 부린다는 등 심지어 어떤 동에서는 등록을 할 때까지 보류한다고 쌀표를 가져갔다는 등 불만을 가진 시민이 적지 않다.(《조선일보》, 1948년 4월 7일)

선거인 등록을 하지 않으면 쌀 배급표를 주지 않는 사례도 벌어졌던 거야. 왜 선거인 등록을 강요했을까? 사람들은 남한만 선거를 한다면 통일국가를 세울 수 없다고 판단해 등록을 주저했기 때문이야. 이런 상황이 『김구 주석 최근 언론집』에 잘 나타나 있어. 이 책은 1949년에 금서가 됐잖아. 금서가 된 계기는 다음과 같은 이유였거든.

(1) '단선단정의 노선으로 민중을 선동하여 유엔위원단을 미혹하게 하기에 전심전력을 경주하고 있다' (2) '경찰을 종용하여서 선거를 독점하도록 배치하고 인민의 자유를 유린하고 있다' (3) '남한에 있어서만 단독선거를 실

▲ 제헌국회의원 선거

시한다는 것은 민주주의의 파산을 세계적으로 선전함이나 다름없다고 본다'(《서울신문》, 1949년 11월 8일)

이런 분위기였으니 선거인 등록이 강요됐던 거지. 미 군정은 라디오, 신문, 팸플릿, 영화, 연극, 강연회 따위로 선거 홍보를 시작했어. 성인 한 사람마다 한 부씩 나누어줄 수 있는 선전물을 만들어 배포하기도 했고, 사람들의 관심을 얻기 위해 선거 표어도 모집했지. 당선된 표어 가운데 "나는 집 보고 어머니는 투표장", "너도나도 한 표, 나라가 서는 한 표" 따위가 있어.

1948년 5월 10일, 제주도를 제외하고 전 지역에서 제1대 국회의원 선거가 실시됐어. 총 948명이 입후보했고 198명이 국회의원으로 당선됐지. 그리고 1년 뒤 제주도에서 2명의 국회의원이 선출됐어. 당선자의 소속 단체는 아래 표와 같아.

〈표 13〉 제1대 국회의원 당선자의 소속 단체

소속	당선자 수	소속	당선자 수
무소속	85	조선민족청년단	6
대한독립촉성국민회	55	대한독립촉성농민총연맹	2
한국민주당	29	기타	11
대동청년단	12	합계	200

기타는 1인 당선된 단체를 표기함.
중앙선거관리위원회, 『대한민국선거사』, 제1집, 1973, 1083~1085쪽.

무소속이 당선자의 42.5%를 차지했네. 무소속이란 어떤 당이나 단체에 소속하거나 참가하지 않은 인물이야. 그러나 아무런 정견이 없다고 말할 수는 없어. 무소속 의원들은 대개 한민당(한국민주당) 계열, 이승만 계열, 중도파 계열로 구분됐어.

무소속 당선자 가운데 '소장파'로 불렸던 세력은 민족반역자의 처벌, 국가보안법 제정 반대, 농지개혁의 실시, 지방자치제의 실시 따위를 주장했어. 이들은 이승만과 한민당의 정책을 비판하면서 야당으로서의 기능을 했지.

27

못 살겠다 갈아보자 /
갈아봤자 별수 없다

제3대 대통령 선거

제헌국회는 1948년 7월 20일 대통령에 이승만, 부통령에 이시영을 선출했어. 대통령 임기가 4년째 되던 해인 1952년 이승만 정부는 대통령·부통령을 국민이 직접 뽑는 직접선거제를 내용으로 하는 개헌안을 국회에 제출했어. 이 직선제 개헌안은 찬성 19표, 반대 143표로 부결됐지. 이때는 국회에서 제1대 대통령을 뽑았던 것처럼 제2대 대통령도 국회의원들이 뽑는 간접선거제였는데 이승만은 국회에서 다시 대통령으로 선출되기 어렵다고 본 거야. 전쟁 동안 이승만은 시민들을 남겨둔 채 서울을 빠져나갔고 정부를 이전한다는 사실을 국회에 알리지도 않았잖아. 국회의장이 수도 사수 결의문을 들고 대통령을 찾아갔는데 이미 떠나고 없었지. 그런 까닭에 이승만이 국회에서 다시 당선되기는 힘들었어. 대통령 직선제 개헌안이 부결되자 이승만 정부는 1952년 7월 4일 경찰과 군을 동원해 국회를 둘러싸게 한 뒤 일어

◀ 민주당 선거 벽보

서서 찬성을 나타내는 공개투표로 직접선거제 개헌안을 통과시켰어. 그리고 한 달 뒤인 8월 5일에 대통령·부통령 선거가 실시됐고, 이승만이 제2대 대통령으로 당선됐지.

다시 4년 뒤인 1956년 제3대 대통령 선거가 실시됐어. 자유당은 대통령 후보에 이승만, 부통령 후보에 이기붕을 지명했고, 민주당은 대통령 후보에 신익희, 부통령 후보에 장면을 선출했어. 진보당은 조봉암과 박기출을 후보로 내세웠지.

민주당이 내건 선거 구호는 "못살겠다 갈아보자!"였어. 민주당은 '이 대통령 정치 밑에 무슨 일이 생겼나?'라는 제목의 성명을 발표하고 이승만 대통령과 자유당이 저지른 패악 38가지를 낱낱이 열거했지. 또 '잘살게 하는 당면 정책', '농민은 왜 못사는가' 따위의 전단을 뿌렸어. '잘살게 하는 당면 정책'에서 민주당은 잡부금을 없애고, 비료는 제때

"반공의 상징, 민족의 태양"이라며 "이승만을 대통령으로!"라는 구호가 붙어 있네.

▲ 자유당 선거 구호

동대문에 붙은 자유당의 선거 벽보야.

▲ 자유당 선거 벽보

에 배급하고, 양곡을 싸게 매입하지 않겠다고 약속했어. 진보당도 "갈지 못하면 살 수 없다", "이번에도 못 바꾸면 4년 다시 더 못산다"는 구호를 내걸었지. 수세에 몰린 자유당은 "갈아봤자 별수 없다"라는 구호로 응수했어.

〈잘살게 하는 당면 정책〉

토지수득세를 폐지하고 잡부금을 없앤다.

비료는 공정가격으로 제 시기에 배급한다.

양곡을 생산비도 못 되는 가격으로 매입하는 일은 아니한다.

영농자금을 먼저 확보해 준다.

어족을 보호하고 어촌을 진흥한다.(〈경향신문〉, 1956년 4월 15일)

5월 3일 오후 한강 백사장에서 열린 민주당의 정견 발표 대회에는 20만 명 이상으로 추산되는 군중이 구름같이 모여들었어. 많은 인파로 삼각지 주변의 통행이 한때 두절되기도 했다지. 그런데 신익희 후보가 서울의 선거 바람을 호남으로 확산시키려고 5월 5일에 전라도로 내려가던 중 열차 안에서 갑자기 심장마비로 사망하고 말았어. 아무도 생각하지 못한 일이었지.

민주당은 5월 8일부터 "민심은 살아 있다. 장면 박사에게 표를 모으자"라는 새 구호 아래 부통령 선거에 총력을 기울였어. 진보당이 야당 연합을 제기했지만 이루어지지 않았지. 선거 전날인 5월 14일에 진보당의 조봉암은 다음과 같은 성명서를 냈어.

〈성명서〉

공동투쟁전선에서 신익희 선생은 불행히도 유명을 달리했지만 야당 단일

후보로서 반독재구국투쟁의 선두에 서게 된 본인은 시들어가는 민주주의

터전을 바로잡으며 질식 상태에 빠진 민생을 건지기 위하여 고인이 원하던

구국투쟁에 일로매진할 것을 다시금 맹세하는 바이다. 만일 본인이 당선된

다면 이 부패하고 혼란한 국정을 혁신하기 위하여 다음 세 가지 당면 과업

수행을 전 국민 앞에 공약하는 바이다.

1. 전 야당연합의 실을 거하고 민주주의 창달을 위하여 거국 일치 내각을

조직한다.

◀ 진보당 조봉암 성명서

2. 국회의석의 사정이 허여되는 대로 내각책임제 개헌을 단행한다.

3. 안으로 도탄에 빠진 민생문제를 해결하는 데 전력을 기울이고 밖으로 민주 우방과 긴밀한 제휴를 위하여 평화적 국토 통일을 촉진한다.

(〈경향신문〉, 1956년 5월 14일)

선거 결과 이승만은 504만여 표, 조봉암은 216만여 표를 얻었어. 전체 유권자 950만 명 가운데 투표자는 900만 명으로 투표율은 94.4%였어. 그런데 185만 표가 무효표였어. 이 표는 대부분 신익희 추모표였대. 민주당이 강세였던 서울 지역의 투표율이 다른 지역에 비해 낮았으며, 유효 득표율은 53.3%를 기록했어.

〈표 14〉 제3대 대통령 선거 투표 상황

시도별	이승만		조봉암		투표자 수
	득표수	득표율	득표수	득표율	
서울	205,253	33.7	119,129	19.6	608,741
경기	607,757	57.4	180,150	17.0	1,058,970
충북	353,201	70.7	57,026	11.4	499,744
충남	530,531	58.9	157,973	17.5	900,571
전북	424,674	48.5	281,068	32.1	875,210
전남	741,623	57.6	286,787	22.3	1,286,178
경북	621,530	44.4	501,917	35.9	1,398,722
경남	830,492	53.9	502,507	32.7	1,538,337
강원	644,693	81.6	65,270	8.3	789,673
제주	86,683	78.2	11,981	10.8	110,916
합계	5,046,437	55.7	2,163,808	23.9	9,067,062

중앙선거관리위원회, 『대한민국선거사』 제1집, 1973, 739~740쪽.

조봉암의 득표는 자유당과 민주당을 놀라게 했지. 조봉암이 얻은 표를 지역으로 나누어 분석하면 경상도 지역에서 상당한 지지를 얻었다는 사실이 확인돼. 경남에서 이승만이 83만 표, 조봉암이 50만 표를 얻었고, 경북에서는 이승만이 62만 표, 조봉암이 50만 표를 얻었어. 특히 대구 지역의 경우 조봉암이 10만 1,120표, 이승만이 3만 8,813표라는 결과를 얻었어. 조봉암 지지가 압도적으로 높았지. 조봉암의 평화통일 주장이 호소력을 가졌고, 피해 대중을 위한 정치를 펴겠다는 정책이 민심을 움직였던 거야.

28

흥부를 택할 것인가?
놀부를 택할 것인가?

제5대 대통령 선거

1963년 10월 15일에 제5대 대통령 선거가 실시됐어. 1960년에 제4대 대통령·부통령 선거가 있었으니 아직 대통령의 임기가 끝나지 않은 시점이지. 그사이 한국에는 정치 변동이 있었어. 제4대 대통령·부통령 선거에서 자유당은 대통령 이승만, 부통령 이기붕을 당선시키려고 온갖 수단과 방법을 가리지 않았거든. 불법 선거운동이 판을 쳤지. 사람들은 자유당의 부정선거에 침묵하지 않았고, 이승만 정권에 대한 불만이 마침내 1960년 4·19혁명으로 터져나왔어. 결국 이승만은 대통령 자리에서 물러나고 하와이로 망명했지.

1961년 5월 16일 새벽 서울, 한밤의 정적을 가르는 총소리는 4·19혁명의 열기를 단숨에 식혀버렸어. 이날 박정희가 군인들과 함께 쿠데타를 일으켰거든. 군인들은 전국에 군사혁명위원회를 구성했어. 군사혁명위원회는 '국가재건최고회의'로 이름을 바꾸고 군정에 들어갔단다. 국가재건최고회의는 부통령이 없는 대통령중심제로 헌법을 바꾸었어. 이 헌법에 따라 제5대 대통령 선거가 실시됐던 거야. 박정희가 민주공화당 후보로, 윤보선이 민정당 후보로 나와 서로 겨루었지.

당신은 저 지긋지긋한 기아와 공포의 세월이 다시 계속되기를 원하십니까?

자기 편리한 대로 법을 만들고 변덕 내키는 대로 경제를 다루어 민생을 이 비참으로 몰아넣은 정부··· 그러면서도 군복을 벗고라도 더 해야겠다고 출

▲ 윤보선 정치 광고

처 불명의 돈을 물 쓰듯 하여 권력 유지에 바쁜 부패와 무능의 표본 박 정권을 '참신하고 유능'하다고 생각하십니까?

군정이냐 민정이냐 민주냐 이질적 민주냐를 가름하는 이 처절한 싸움에서 당신은 암흑과 광명의 그 어느 길을 택하시렵니까?

삼천만 민주 역량의 교두보 민정당(《동아일보》, 1963년 10월 4일)

윤보선은 민정에 참여하지 않겠다는 박정희의 발표를 염두에 두면서 군정과 민정의 문제를 내세워 군정의 부정부패와 권력 독식을 비판했어. 또 공개질의서에서 박정희와 여순사건 관련에 대해 질문했지. 사상 논쟁은 서울중앙방송 정견 발표 뒤부터 시작됐어. 박정희는 이 정견 발표에서 "이번 선거는 민족적 이념을 망각한 가식의 자유민주주의 사상과 강력한 민족적 이념을 바탕으로 한 자유민주주의 사상과의 대결"이라고 말했어. 다음 날 윤보선은 기자들의 질문에 "여순반란사건의 관련자가 정부 안에 있고, 여순반란사건은 민주주의와 민족주의를 신봉하는 사람이 한 것은 아니다"라는 뜻을 밝혔어. 윤보선이 박정희를 공산주의자로 몬 거야. 이에 민주공화당은 윤보선의 발언을 매카시즘의 악랄한 수법이라고 비난했지. 다음의 민주공화당의 광고가 그것을 말하고 있어.

전국의 지성인 여러분!

지난날의 우리 헌정사를 더듬어볼 때 여러분들은 오늘의 야당 인사들이 얼마나 많은 지성인들의 건설적인 발언을 '매카시즘'적인 수법으로 탄압해

왔는가를 똑똑히 알고 계실 것입니다. (…) 자기들의 정치 지반인 전근대적인 유제가 위협을 당하면 '용공'이니 '빨갱이'니 하는 상투적인 술어로 상대세력을 학살시켰던 것이 한국적 '매카시즘'의 아류들이 저질러온 행적이었습니다. (…)

여러분! 이렇기 때문에 이번 선거는 우리의 정치 질서를 근대화시키려는 새로운 '민족적인 세력'과 낡은 질서를 고수하려는 외세부화의 '사대주의적인 세력'과의 싸움으로 결정되었습니다. (…) 따라서 역사를 전진시켜야 하느냐? 역사를 후퇴시켜야 하느냐? 하는 문제에 대해 여러분들은 다 같이 중책을 지고 계십니다.

전국의 지성인 여러분!

무슨 일이 있던지 우리는 차제에 한국적 '매카시즘'의 신봉자를 우리 사회에서 일소시키기 위해 분연히 궐기하여 과감히 투쟁합시다.

(〈동아일보〉, 1963년 10월 5일)

사상 논쟁이 제기되자 박정희의 민주공화당은 과거 사상 논쟁이 선량한 시민을 빨갱이로 몰아치던 한민당의 매카시즘 수법을 되풀이하는 소행이라고 반박했어. 박정희는 나중에 대통령이 되어서는 민주인사들을 빨갱이로 몰아 탄압했는데 당시에는 이렇게 말했네.

박정희는 공화당의 심벌로 황소를 내세워 일 잘하고 부지런한 황소를 자신과 일치시켰어. 또한 "유권자 여러분! 이순신을 택할 것인가? 원균을 택할 것인가? 놀부를 택할 것인가? 흥부를 택할 것인가?"라는 구호로 민정당의 윤보선를 '놀부'와 '원균'으로 비유했어.

▲ 박정희 정치 광고

　투표율은 85%였어. 15만여 표의 차이로 공화당의 박정희가 당선됐지. 박정희와 윤보선의 유효 득표율은 불과 1.4%밖에 차이 나지 않았어. 선거 결과 박정희는 나라 안팎의 언론이 예상한 것보다 훨씬 낮은 지지를 받았단다. 조직력과 자금력의 엄청난 우위에도 불구하고 윤보선에게 불과 15만 표 차이로 어렵게 승리했거든. 이는 군정에 대한 국민의 지지가 그만큼 낮았음을 뜻해. 박정희가 선거에서 힘들었던 까닭은 박정희 군사정부에서 저지른 부정부패에 국민들이 반감을 가졌고, 선거운동 과정에서 야당 대통령 후보의 일부 단일화가 작용했기 때문이야.

　제5대 대통령 선거는 대통령 선거 사상 처음으로 지역에 따른 지지세가 뚜렷이 나뉘었어. 여당인 민주공화당의 박정희 후보는 제주·부산·경남·경북·전남·전북 등 남부 지역에서 우세했고, 민정당의 윤보선 후보는 서울·경기·강원·충북·충남 등 북부 지역에서 우세를 보여 투표 행태의 남북 현상이 뚜렷이 나타났지. 윤보선은 영남 지역의 부산, 대구, 진주, 충무, 진해, 삼천포, 울산과 전남의 순천을 제외한 대부분의 도시에서 박정희보다 많은 지지를 받았어. 박정희는 대체로 농촌에서 지지를 많이 받았지. 한국 선거의 주요 현상이라 말해지는 여촌야도 현상도 나타났어.

〈표 15〉 제5대 대통령 선거 투표 상황

시도별	박정희		윤보선		투표자 수
	득표수	득표율	득표수	득표율	
서울	371,627	28.6	802,052	61.8	1,298,460
부산	242,779	45.6	239,083	44.9	532,570
경기	384,764	30.0	661,984	51.7	1,281,166
강원	296,711	35.6	368,092	44.1	834,453
충북	202,789	35.5	249,397	43.6	571,401
충남	405,077	36.4	490,663	44.1	1,112,494
전북	408,556	44.1	343,171	37.0	926,028
전남	765,712	52.5	480,800	32.9	1,457,183
경북	837,124	50.6	543,392	32.9	1,653,766
경남	706,079	56.9	341,971	27.6	1,240,412
제주	81,422	63.5	26,009	20.2	128,241
합계	4,702,640	42.6	4,546,614	41.2	11,036,175

중앙선거관리위원회, 『대한민국선거사』 제1집, 1973, 752~753쪽.

29

안정 속의 성장 /
대중 시대의 문을 열자

제7대 대통령 선거

1969년 9월 14일 일요일 새벽 2시, 여당인 민주공화당 의원들이 국회 제3별관에 모였어. 이들은 왜 새벽 2시에 별관에 모였을까? 개헌안을 반대하는 야당 의원들이 국회 본회의장에서 점거 농성을 벌이고 있었거든. 민주공화당 의원들은 박정희를 다시 대통령으로 내세우려고 "대통령은 1차에 한하여 중임할 수 있다"는 규정을 "계속 재임은 3기에 한한다"고 개정하려 했지. 결국 여당 의원들은 제3별관에 몰래 모여 찬성 122표, 반대 3표로 개헌안을 날치기 통과시켰어. 이 개헌안은 10월 17일에 국민투표를 거쳐 확정됐지.

제7대 대통령 선거는 1971년 4월 27일에 있었어. 민주공화당은 박정희를 대통령 후보로 내보냈고, 야당인 신민당은 1970년 9월 29일 경선을 통해 대통령 후보를 확정했어. 신민당의 김영삼이 한국 야당의 체질 개선과 세대교체를 주장하는 '40대 기수론'을 들고 나오면서 대통령 후보 지명 대회 출마를 선언했지. 여기에 김대중도 가세했어. 2차에 걸친 투표에서 김대중이 반전을 보이며 후보 지명을 받았어. 국민들은 40대 기수론을 주장한 야당의 젊은 지도력과 후보 지명 과정에 신선한 충격과 깊은 인상을 받았지.

두 후보의 정치 광고 중 일부를 살펴보자.

〈우리는 약속합니다-박정희〉

밖으로는 격동하는 국제 정세에 대응하여 폭넓은 안보 외교를 전개하고 60만 정예군과 250만 예비군을 주축으로 하는 튼튼한 국방 태세를 견지함으로써 호시탐탐 남침의 기회만을 노리는 북괴의 무력적화의 야욕을 미연에 분쇄하여 70년대 전반기의 민족적 시련기를 무난히 돌파하고, 안으로는 국

▲ 박정희 정치 광고

민 누구나가 각자의 처지에서 선의의 경쟁을 할 수 있는 밝은 사회를 건설하여 민족의 일체감과 단결을 다짐하는 한편, 가난한 자와 약한 자를 보다 적극적으로 도와가는 70년대의 복지국가를 건설할 것을 기약합니다.(〈동아일보〉, 1971년 4월 8일)

〈김대중 후보의 7가지 약속〉

4. 서민대중의 세금은 내리되, 나라의 세입은 늘리겠습니다. 서민의 세금 부담을 적게 하는 대신, 특권 부유층에게 보다 많은 세금을 물게 하고, 기업인들에 대한 정치자금 할당에 따른 이중징세를 근절시켜 나라에만 세금을 바치게 함으로써 국고의 세입을 늘리겠습니다.

6. 부정부패의 모든 책임은 대통령이 지도록 하고 부정부패추방법을 만들어 민간인으로 구성되는 부정부패적발위원회를 전국에 두는 한편 고급 공무원의 재산을 공개 등록케 하겠습니다.

7. 향토예비군과 학생교련은 국방을 위해 필요한 것이 아니라 청년과 학생들을 군사적으로 묶어 독재정치를 하려는 것이므로 이를 폐지하렵니다.(〈동아일보〉, 1971년 4월 16 일)

박정희는 안보 외교와 군사력을 늘리고 가난한 자를 도와 복지국가로 나아가겠다고 말하고 있네. 그렇지만 '가난한 자'를 어떻게 도울 것인지, 복지국가로 나아가기 위한 구체적인 정책은 말하지 않았어. 김대중은 차등적 세금 부과로 빈부 격차의 해결, 부정부패의 방지, 향토예비군 폐지 따위의 공약을 제시했어. 이외에도 4대국에 의한 한반도 안보 보장, 남북 교류를 제시해 신선한 바람을 일으켰지.

김대중은 '대중경제론' 또는 "대중 시대의 문을 열자"라는 구호를 사용했어. 이 구호는 후보자 자신의 이름과 일반 대중의 발음이 같음을 이용하여 은연중에 김대중 후보와 대중의 이미지를 연결시켰어. '문을 열자'라는 표현은 정권 교체를 암시하는 구호이기도 했대. 그 뒤 신문 지면을 통한 야당의 정치 광고는 체제를 부정하고 선거 분위기를 과열시켜 사회 갈등을 심화시킨다는 이유로 유신 선포와 함께 금지됐단다. 정치 광고가 다시 등장한 것은 제13대 대통령 선거가 행해진 1987년이었어. 그 이전까지는 간접선거로 대통령을 선출했거든.

이른바 '김대중 바람'은 1971년 4월 10일 부산에서 불기 시작해 4월 18일 30만 인파가 모인 장충단 유세에서 절정에 달했어. 박정희가 대전에서 5만 명을 모았던 반면 김대중의 부산 유세장에는 16만 명이 몰렸지. "10년 세도 썩은 정치 못 참겠다 갈아치자!"는 구호가 사람들을 움직였던 것 같아.

〈10년 세도 썩은 정치 못 참겠다 갈아치자!〉

당신은 주인입니다.

우리는 지금 전국민의 0.5프로에 불과한 소수의 지배체제에 끌려가느냐 아니면 주인의 자리를 되찾아서 희망찬 대중시대를 창조하느냐 하는 중대한 기로에 서 있습니다.

내 한 표는 내가 지켜서 정치장사꾼의 표 사는 행위를 단호히 봉쇄합시다.

남의 주머니에서 돈 훔치는 것과 남의 표 훔치는 것이 무엇이 다릅니까?

▲ 김대중 정치 광고

'표를 찍어주면 판잣집을 양성화시켜 준다'느니 '개표를 해보면 누가 신민
당 찍었는지 다 안다'느니 하는 유치한 협박에 넘어가서는 안 됩니다.

(〈동아일보〉, 1971년 4월 22일)

선거 결과는 박정희 634만여 표, 김대중 539만여 표로 나타났어.
1971년 대통령 선거는 지역 대결 투표 행태가 분명하게 나타난 선거였
지. 박정희는 경상도 지역에서 김대중에 비해 3배나 되는 표를 얻었고,
김대중 역시 전라도에서 박정희 후보에 비해 2배나 되는 표를 얻었거
든. 지역 쏠림 현상만 있었던 것이 아니라 농촌은 여당을 지지하고 도
시는 야당을 지지하는 여촌야도 현상도 두드러졌지. 특히 서울에서 김
대중은 57.9%를 얻었어.

1971년 대통령 선거는 처음에는 뻔한 선거로 생각됐지만 막판에는

예측 불허의 치열한 경쟁 속에서 진행됐어. 40대의 젊은 김대중이 이렇게 많은 득표를 얻을 줄 아무도 예상하지 못했거든. 야당은 바람몰이식 선거운동을 하며 유권자를 정치의 한복판으로 끌어들였어.

〈표 16〉 제7대 대통령 선거 투표 상황

시도별	박정희		김대중		투표자 수
	득표수	득표율	득표수	득표율	
서울	805,772	38.9	1,198,018	57.9	2,066,406
부산	385,999	54.4	302,452	42.6	708,529
경기	687,985	47.2	696,582	47.8	1,457,087
강원	502,722	57.4	325,556	37.1	875,340
충북	312,744	54.4	222,106	38.6	574,579
충남	556,632	51.1	461,978	42.4	1,089,283
전북	308,850	33.8	535,519	58.7	911,214
전남	479,737	32.0	874,974	58.4	1,496,413
경북	1,333,051	72.7	411,116	22.4	1,833,063
경남	891,119	70.7	310,595	24.6	1,258,900
제주	78,217	53.2	57,004	38.7	147,010
합계	6,342,828	51.0	5,395,900	43.4	12,417,824

중앙선거관리위원회, 『대한민국선거사』 제1집, 1973, 762~763쪽.

30

이제는 안정입니다 /
군정 종식, 친근한 대통령/
평민은 평민당 대중은 김대중
제13대 대통령 선거

안팎으로 위기에 몰린 박정희 정권은 1972년 10월 17일 비상계엄을 선포했어. 국회를 해산하고 정당의 정치 활동을 금지시켰으며 비상국무회의가 국무회의와 국회의 입법 기능까지 떠맡았지. 비상국무회의가 제출한 헌법개정안은 국민투표에 부쳐졌어. 유신헌법을 찬성하는 말만 하게 하고 사실상 비판을 할 수 없는 분위기에서 국민투표는 91.5%로 통과됐어. 유신헌법은 대통령 임기를 4년에서 6년으로 늘렸단다. 재임 제한이 없어 영구 집권이 가능했지. 대통령 직선제가 폐지되고 대통령 선출은 유신헌법에 따라 새로 조직된 '통일주체국민회의'에서 간접선거로 치렀어. 대통령은 통일주체국민회의 의장이었고, 국회의원의 3분의 1을 임명할 수 있었지. 이렇게 해서 제8대부터 제11대까지의 대통령은 통일주체국민회의에서 선출됐어. 제12대 대통령도 5,000명 이상으로 구성된 선거인단에서 선출됐지.

1987년 12월 16일, 제13대 대통령 선거는 16년 만에 국민의 직접선거로 치러졌어. 국민들이 어떻게 선거권을 되찾을 수 있었을까? 1987년 전국을 뜨겁게 달구었던 6월 항쟁의 영향이었지. 전두환 정권은 직선제를 받아들이겠다는 '6·29선언'을 발표했어. 그리고 1987년 10월 17일에 대통령 직선제 헌법개정안이 국민투표에서 93.1%의 찬성으로 확정됐지.

제13대 대통령 선거는 여당인 민주정의당의 노태우와 야당인 통일민주당의 김영삼과 평화민주당의 김대중 등 3자 대결 구도로 치러졌어.

노태우는 6·29 선언 뒤 데모가 없어졌다는 점을 들어 정치의 안정을 획득할 수 있는 자격이 자신에게 있음을 홍보했어. 한편 제5공화

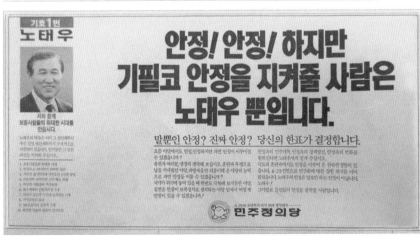

▲ 노태우 정치 광고

▲ 김영삼 정치 광고

국의 치적으로 경제와 안정을 연결시켜 성장은 안정 없이는 이루어질 수 없다고 주장했어. 또한 국방과 관련시켜 공산주의의 위협을 강조하고, 다른 후보의 집권은 정치 혼란과 분열을 일으킬 것이라고 했지. 노태우는 자신이 집권해도 군정 종식이 이루어진다고 선전했지. 그래서 들고 나온 구호가 "저와 함께 보통사람들의 위대한 시대를 만듭시다"였어.

김영삼은 노태우를 겨냥해 군인 정치를 반대한다고 내세웠어. 군정 종식으로 민주화를 이룰 수 있고, 자신이 정치를 안정시킬 수 있는 사람임을 강조했지.

김대중은 '광주사태' 해결과 지역감정 해소로 정치 안정을 달성할 수 있다며 안정과 개혁을 함께 달성하기 위한 사람을 뽑아야 한다고 주장했어.

▲ 김대중 정치 광고

　제13대 대통령 선거는 16년 만에 이루어진 직접선거였잖아. 100만 명이 넘는 청중이 여의도 광장에 모일 정도로 국민들의 관심도 뜨거웠고 후보자들 사이의 경쟁도 치열했지. 이때부터 광고 전문가들이 정치 광고에 관여했어. 또한 노태우는 파란색, 김영삼은 빨간색, 김대중은 노란색을 상징 색으로 사용했어. 우리나라 최초로 TV를 통한 후보자의 정견 발표도 있었지. 이때부터 여론조사가 선거에 활용됐대.

　선거 결과 노태우는 828만여 표, 김영삼은 633만여 표, 김대중은 611만여 표를 얻었어. 노태우가 역대 대통령 선거 당선자 가운데 최저 득표율인 35.9%로 당선됐지. 노태우는 대구, 경북의 압도적인 지지에다 강원, 제주, 충북, 경기, 인천에서 1위를 차지했어. 김영삼은 부산, 경남에서 과반수를 얻어 1위를 하고 인천, 서울, 경북, 충북, 제주, 경기, 강원, 대구에서 2위를 차지했어. 김대중은 광주, 전남, 전북에서

우리나라 선기 사상 최고 득표율을 기록하고 서울에서도 1위를 차지
했지.

⟨표 17⟩ 제13대 대통령 선거 투표 상황

시도별	노태우		김영삼		김대중		투표자 수
	득표수	득표율	득표수	득표율	득표수	득표율	
서울	1,682,824	29.4	1,637,347	28.6	1,833,010	32.0	5,717,805
부산	640,622	31.6	1,117,011	55.1	182,409	9.0	2,024,324
대구	800,363	69.7	274,880	23.9	29,831	2.6	1,146,652
인천	326,186	38.7	248,604	29.5	176,611	20.9	841,983
광주	22,943	4.7	2,471	0.5	449,554	93.4	481,126
경기	1,204,235	40.6	800,274	27.0	647,934	21.8	2,962,014
강원	546,569	57.9	240,585	25.5	81,478	8.6	943,379
충북	355,222	45.6	213,851	27.4	83,132	10.6	777,739
충남	402,491	25.4	246,527	15.6	190,772	12.0	1,578,557
전북	160,760	13.7	17,130	1.4	948,955	80.9	1,172,867
전남	119,229	7.9	16,826	1.1	1,317,990	87.9	1,498,755
경북	1,108,035	64.8	470,189	27.5	39,756	2.3	1,709,244
경남	792,757	40.3	987,042	50.2	86,804	4.4	1,963,376
제주	120,502	48.4	64,844	26.0	45,139	18.1	248,598
합계	8,282,738	35.9	6,337,581	27.4	6,113,375	26.5	23,066,419

중앙선거관리위원회, 「대한민국선거사」 제4집, 2009, 578쪽.

⟨표 18⟩ 역대 대통령 선거 후보자와 선출 방식

선거	연도	후보자	선출 방식
1대	1948	**이승만**, 김구, 안재홍	국회 선출
2대	1952	**이승만**, 조봉암, 이시영, 신흥우	직접 선출
3대	1956	**이승만**, 신익희, 조봉암	직접 선출
4대	1960	**이승만**, 조병옥	직접 선출
		윤보선, 김창숙, 변영태, 백낙준, 허정, 김도연 등 12명	국회 선출(이승만 하야로 재선거)
5대	1963	**박정희**, 윤보선, 오재영, 장이석, 변영태, 허정, 송요찬	직접 선출
6대	1967	**박정희**, 윤보선, 이세진, 전진한, 서민호, 김준연, 오재영	직접 선출
7대	1971	**박정희**, 김대중, 진복기, 박기출, 이종윤, 성보경, 김철	직접 선출
8대	1972	**박정희**	통일주체국민회의
9대	1978	**박정희**	
10대	1979	**최규하**	
11대	1980	**전두환**	
12대	1981	**전두환**, 김종철, 김의택, 유치송	선거인단
13대	1987	**노태우**, 김영삼, 김대중, 김종필, 홍숙자, 김선적, 신정일, 백기완	직접 선출
14대	1992	**김영삼**, 김대중, 정주영, 이종찬, 박찬종, 이병호, 김옥선, 백기완	직접 선출
15대	1997	**김대중**, 이회창, 이인제, 권영길, 허경영, 김한식, 신정일	직접 선출
16대	2002	**노무현**, 이회창, 이한동, 권영길, 김영규, 김길수, 장세동	직접 선출
17대	2007	**이명박**, 정동영, 권영길, 이인제, 심대평, 문국현, 정근모, 허경영, 전관, 금민, 이수성, 이회창	직접 선출
18대	2012	**박근혜**, 문재인, 이정희, 박종선, 김소연, 강지원, 김순자	직접 선출

* 굵은 글씨로 표시된 이름이 당선자임.

5장

사회와 교육

31

작대기 선거와 의무교육

해방될 때만 해도 10명 가운데 7명 내지 8명은 한글을 읽거나 쓰지 못했어. 그래서 선거를 할 때도 번호 대신 '작대기'를 그려놓고 치러야 했지. 조선시대에는 양민이나 여성들이 쓴다고 해서 한글을 '암글' 또는 '언문'이라고 불렀어. 일제강점기에는 '지방어'로 취급되다가 사용 금지까지 내렸으니 많은 사람들이 한글을 읽고 쓸 줄 모르는 일은 당연했지. 해방 때 아동취학률은 64%였으며, 특히 중등교육 이상의 교육을 받은 인구는 전체 인구의 1%에도 미치지 못할 정도였어. 언제 읽고 쓰는 능력이 나아진 것일까?

참의원 선거는 3차나 거듭해오던 민의원 선거와 달라서 선거구를 대선거구로 나누었기 때문에 일선 지구에 최저 10명, 최고 50명의 입후보자가 출마할 것이라는 것이 요즘 식자들의 정설인데 이의 투표에 있어서 기호투표를 실시한다면 '50개의 작대기'가 있는 투표용지가 출현할 것으로 이렇게 된다면 선거에 있어서 막대한 혼란을 일으킬 것 (⋯) 아무리 국가재정이 궁핍하다 할지라도 (⋯) 문맹자 퇴치운동에 필요한 경비를 염출하여 문화국가의 오점을 씻기에 최선을 다해야⋯⋯(〈동아일보〉, 1954년 10월 7일)

입후보자가 50명이나 되면 입후보자 수에 따라 작대기를 그릴 투표용지를 만들 걱정을 하면서 하루빨리 한글 교육을 시켜야 한다고 했네. 아래의 투표용지를 보면 확인할 수 있지.

위의 기사를 읽으면 선거를 치르려고 성인교육이 행해진 사실을 알 수 있어. 낮은 교육 수준을 해결하기 위해 성인교육인 '문맹퇴치교육'과 함께 의무교육 제도가 도입됐지. 1948년 제정된 헌법은 제16조에 의무교육을 교육의 기본 원칙으로 규정했어. 이 원칙에 따라 1949년 제정된 교육법은 제96조에 "모든 국민은 그 보호하는 자녀를 만 6세부

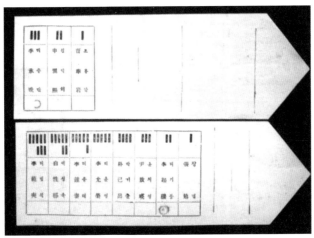

숫자 대신 작대기로 기호를 표시했네.

▲ 작대기 투표용지

터 12세까지 취학시킬 의무가 있다"고 규정하고, 부칙 제167조에 "의무교육은 1950년 6월 1일 현재로 취학 시기에 달한 학령아동으로부터 시행한다"고 알렸지. 1950년대 내내 해당 연령의 아동 취학이 추진됐어. 의무교육의 실시는 아동취학률을 놀라울 정도로 높였단다.

〈표 19〉는 의무교육 제도가 도입된 1950년대 아동취학률 상황표야. 해방 때 64%에 지나지 않던 취학률이 1955년에 학령아동 328만 9,865명 가운데 294만 7,436명이 취학해 89.6%로 늘었네. 1959년에는 학령아동 379만 9,690명 가운데 355만 8,142명이 취학해 93.6%를 나타낼 정도로 학령기에 있는 대다수의 아동이 취학했어. 물론 학교에 들어간 학생들이 모두 졸업을 한 것은 아니야. 가정 형편이 어려워 2학년 또는 3학년만 다니다가 그만둔 학생들도 많아. 그러니까 입학한 학생이 모두 졸업한 것은 아니지. 초등학교 수는 1945년 2,834개였는데

〈표 19〉 **연도별 취학아동 증가 상황**(단위 : 명, %)

연도	학령아동 수(A)	취학아동 수(B)	취학률(B/A)
1945년		1,572,046	64.0
1948년		2,405,301	74.8
1951년		2,073,844	69.8
1953년	3,096,293	2,259,313	73.0
1955년	3,289,865	2,947,436	89.6
1957년	3,480,225	3,170,891	91.1
1959년	3,799,690	3,558,142	93.6

문교부, 「문교 40년사」, 1988, 151～153쪽. 출처 자료에 1945년, 1948년, 1951년의 학령아동 수 표기가 없음.

1958년에는 4,474개로 2배나 늘었어.

초등교육을 받지 못한 성인들도 한글을 배웠어. 이를 '문맹퇴치운동'이라고 했지. 주로 농한기를 이용하여 실시됐고, 초등학교 2학년을 수료한 정도의 읽기와 일상생활에 필요한 계산과 지식을 가르쳤어. 문교부의 문맹퇴치운동은 '작대기 선거'를 방지한다는 차원에서 입후보자를 겨우 읽을 수 있는 정도의 수준으로 시행됐어. 그런데 이 운동은 반공 의식을 주입시키고 권리보다 의무만 강조했다는 비판도 받았대. 그래도 문맹퇴치운동은 읽고 쓰는 능력을 높이는 데에 일정한 역할을 했어. 인구주택국세조사에 따르면, 1960년 12월 1일을 기준으로 13세 이상 인구 1,593만 720명 가운데 28%인 445만 230명이 읽고 쓸 줄을 몰랐어. 해방 때 10명 가운데 7~8명이 읽고 쓸 줄을 몰랐는데 1960년에는 10명 가운데 3명 정도로 줄어들었네. 상당히 빠른 속도로 사람들은 한글을 읽게 된 거야.

32

___ 교육열과 우골탑

     ___ 1950년대 후반에 이르면 한글을 읽고 쓸 수 있는 사람이 10명 가운데 6~7명으로 늘었어. 한국처럼 빠른 속도로 문자 습득률이 높은 나라는 없대. 여기에는 소리글이라는 한글의 우수성이 한몫했지. 의무교육 제도의 실시도 큰 역할을 했어. 그런데 아무리 제도가 갖추어져 있고 배우기 쉬운 언어라 하더라도 사람들이 참여하지 않으면 아무 소용이 없겠지. 한국인의 교육열이 읽고 쓰는 능력을 갖추는 데 가장 크게 작용했던 거야.

    헌법 제31조는 의무교육 제도를 "적어도 초등교육은 의무적이며 무상으로 한다"고 밝히고 있어. 그런데 비록 헌법에는 '무상'이라고 제시했지만 현실은 그렇지 않았어. 국가 재정 가운데 교육에 쓴 비율은 1950년에 4.8%, 1954년에 6.3%에 지나지 않았고 그 뒤에도 크게 변하지 않았거든. 그나마도 제때에 학교에 배정되지 못한 경우가 많았지. 1958년에는 의무교육비 340억 환 가운데 259억 환만 지급되어 약 81

억 환에 달하는 운영 경비를 받지 못했어. 국가로부터 운영 경비를 받지 못했다면 학교는 어떻게 운영됐을까? 비용은 학부모들의 주머니에서 나왔어. 학교는 학부모들이 내는 사친회비와 각종 잡부금으로 운영됐지.

◀ 학교 납부금

학비로 가을에 거둔 곡식을 모두 싣고 가는 모습을 풍자한 삽화야.

▲ 학비 부담

1956년도 전국 국공립학교 실태 조사에 따르면, 전체 운영 비용 가운데 55%가 사친회비라는 명목으로 징수한 액수였어. 1958년 초등학교 운영비의 75%가 사친회비였지. 공식적으로 내는 수업료와 사친회비 이외에도 무수한 잡부금이 있었어. 학부모들은 사친회비와 각종 잡부금을 내느라 허리가 휘었고, 이를 못 낸 아이들의 마음은 멍이 들곤 했지. 잡부금으로 허덕이던 그때 교육 현장의 모습을 신문 기사에서 읽어보자.

월동을 앞두고 시내 일부 국민학교에서 월동용 신탄대니 교원들의 김장대니 혹은 난로 구입대니 심지어는 교무실의 카텐대니 하여 1천 환 내지 2천 환의 잡부금을 가난한 살림에 쪼들리는 학부형들에게 공공연하게 부담시키고 있다 한다. 시내 삼선국민학교에서는 아동 1인에게 월동비로 제1기로 1천 환씩을 부담시킬 뿐 아니라 제2기로 2천 환을 더 부담시키고 있다는데 이러한 실정은 이 나라의 교육기관의 재정적인 빈궁에서 취해지는 조처라 하여 어느 정도 동정할 여지도 없지 않으나 잡부금 징수 문제가 국민의 비난의 대상이 되고 있는……(〈동아일보〉, 1954년 11월 7일)

부산 시내 영주동 봉래국민학교 5학년 모반 담임교사는 지난 24일 상오 수업이 시작된 첫 시간에 사친회비 500환과 용지대를 미납한 아동 20여 명을 세워놓고 고무 끈으로 전원의 하족부를 무수히 구타… (담임교사의 말)…24일까지 납부금을 전액 징수하지 못한 잔액은 담임교사가 봉급에서 차인당하게 되어 있다.(〈동아일보〉, 1956년 5월 27일)

어느 정도였는지 짐작되지? 시험을 보려면 시험지 종이 값을 내야 했는데 종이 값을 못 내면 시험을 치르지 못했어. 위의 기사처럼 제때에 비용을 가져오지 못한 학생들은 구타를 당하기도 했지. 의무교육이라는 말이 무색할 정도야. 학생들에게 거둔 잡부금 항목은 지금 생각하면 상상할 수 없을 정도야. 1954년에 전라남도 도의회 감사 결과 보고서에는 무려 32종목에 달하는 납입금 징수를 지적했는데 아래와 같아.

입학금, 수업료, 책상대, 수험료, 용지대, 사친회비, 시설비, 사친회입회금, 학급비, 장학비, 연구비, 체육비, 기성회비, 기성회추징금, 학도호국단입단비, 학도호국단비, 훈련비, 실험비, 실습비, 경조비, 충무공동상비, 충무탑건립비, 사대기성회비, 위문엽서대, 위문품대, 학생기념탑비, 월농비, 학급별 연료대, 전별금, 유리대, 교재비, 원정비(〈경향신문〉, 1955년 11월 28일)

이러한 교육 여건은 박정희 정권에 들어와서도 크게 나아지지 않았어. 학생 수에 비해 교실이 부족한 학교가 많아 2부제 수업은 당연하고 3부제, 4부제, 5부제 수업이 실시됐어. 1~2학년은 아예 교실 밖에서 수업을 받았고, 2인용 걸상에 3명씩 앉아 수업을 받기도 했지. 사친회비의 과중한 부담이 1950년대 내내 문제가 되자 1962년 사친회가 해산되고 더는 사친회비를 걷지 말도록 했어. 그러나 얼마 있다가 사친회비란 말만 없어지고 사친회비가 부활됐지.

나라의 국방비 예산은 50%를 넘었지만 교육비는 10%도 넘지 못했으니 사친회비나 기성회비 또는 잡부금을 걷지 않고는 학교를 운영할 수 없었던 거야. 해마다 되풀이되는 잡부금 소동으로 부모들은 힘들었지만 자식들을 학교에 보냈어. '굶는 한이 있더라도 자식은 가르쳐야 한다'는 게 우리 부모들의 마음이었거든. 이것을 교육열이라 할 수 있겠지.

초등교육이 이러니 중·고등학교나 대학교 진학은 더 말할 나위가 없었지. 중·고등학교의 경우 학교 수보다 들어가려고 하는 학생 수가 많았어. 1958년 대학교는 56개로 학생 수는 7만 6,000명 정도였어. 해당 연령의 1%도 안 되는 학생들만 대학교에 진학하는 셈이지. 대학생을 둔 부모들은 학교 재정의 65% 이상을 떠맡고 있었어. 그래서 대학교를 '우골탑'이라고 했지. 우골탑은 농촌에서 자녀를 대학 보내려고 소를 팔아서 등록금을 내야 했던 사정을 빗대어서 한 말이야. 농사짓는 데 가장 필요했던 소를 팔아 자식 교육을 시켰던 거지.

33

무즙 파동과 입시 경쟁

중·고등학교에 들어가고자 하는 학생 수는 많았지만 학교는 한정돼 있었어. 해마다 3월이면 부정 입학, 시험문제 사전 유출 따위로 입학 소동이 일어나곤 했지. 일류 중학교, 일류 고등학교, 일류 대학으로 분류된 곳에서는 입학 소동이 끊이질 않았어. 한 문제로 합격 불합격이 결정된 때는 큰 소동이 일어나곤 했지.

"엿기름 대신 넣어 엿을 만들 수 있는 것은?"

1964년 12월 서울시 전기 중학 입학시험에 나온 자연과목 18번 문제야. 정답은 디아스타아제로 발표됐어. 그런데 학부모들이 문제의 보기로 나온 무즙으로도 엿을 만들 수 있다고 들고일어났어. 자녀가 이 문제를 틀려 시험에 떨어진 학부모들은 서울고등법원에 소송을 제기했지. 이 과정에서 학부모들은 무즙으로 엿을 만들어 고물까지 묻혀와 증거 자료로 챙겨왔대. 결국 법원은 문제의 정답은 디아스타아제와 무즙이라는 판결을 내렸어. 이에 따라 승소한 학생들이 경기중학교에 재

입학했지. 이것이 일명 '무즙 파동'이야.

　무즙 파동은 과열된 입시 경쟁의 모습을 적나라하게 보여주었던 사건이야. 해방 뒤 입시 경쟁은 초등학교에서부터 시작됐어. 초등학생이 중학교를 가려면 시험을 치러야 했거든. 서울은 중학교 입시 경쟁이 가장 치열한 곳이었지. 그래서 초등학생들은 밤늦게까지 과외를 받고 공부해야 했어.

　국민학교를 졸업한다는 상기는 밥상에서 물러나자 '벌써 일곱시야. 숙제해야지.' (…) '숙제도 중하지만 애 밥좀 내려서 해라' (…) 날이 저물도록 과외 공부를 시켜 보내면서도 숙제는 여전히 밤잠도 제대로 잘 수 없는 만치 안겨 보내는 것이었다. (…) '소학교 어린것에게 목이 메게 틀어박아 놓고자 중학교 보낸다고 들볶아치니⋯⋯'

(염상섭, 「젊은 세대」, 『염상섭전집 8』, 민음사, 1987, 16~17쪽)

　세칭 일류 중학교에 합격하려고 초등학교에서는 몇 차례의 모의고사로 연습하고 학교별 진학지도위원회가 실시하는 학력고사와 담임교사가 출제하는 실력고사를 치렀어.

　1967년 10월에 8개 초등학교 학생을 표본 조사한 결과 6학년의 20%가 시험공부 때문에 잠자지 않으려고 10여 가지의 각성제를 사용하는 것으로 나타났어. 1967년 서울시교육위원회에 의하면 서울의 초등학교 학생 60만 명 가운데 6학년의 90%, 5학년의 50%가 과외수업을 받았다고 조사됐어. 서울 시내 교사들 가운데 일부는 과외 금지에도

중학교 무시험을 기뻐하는 초등학생들의 모습이야.

▲ 중학교 입시제도 폐지

▲ 중학교 무시험 추첨 장면

불구하고 과외수업을 했고, 과외수업을 않는 교사는 교사들 사이에서 바보 취급을 당하는 분위기였대.

이렇게 입시 경쟁이 과열되다 보니 초등학교 6학년 어린이가 몇 달 남지 않은 중학교 시험이 두려워 유서를 남기고 가출하는 일도 일어나 세상을 떠들썩하게 했지. 또 어린이들의 가출, 유괴, 과외비 강도 같은 사건이 자주 발생하자 정부는 입시 문제를 6학년 교과서에 있는 그대로 글자 한 자 틀리지 않게 낸다거나 6학년 교과과정만 마치면 누구나 알 수 있는 문제를 낸다고 발표했지. 심지어 과외의 양성화도 검토됐지만 초등학생들의 입시 지옥은 변함이 없었대.

1968년 7월 정부는 중학교 입시 제도를 폐지하겠다고 공포했어. 중학교 입시 제도 폐지는 어머니들이 "만세를 부르고 싶다"고 할 정도로 반가운 조치였지. 중학교 무시험 진학 제도는 추첨기 안에 추첨알을 굴려 추첨번호를 받고 추첨한 오후에 추첨번호의 해당 학교를 발표하는 방식으로 중학교를 정했어. 이어서 1972년 고교평준화가 발표됐어. 1974년 이후 고등학교에 입학한 학생들은 연합고사를 보긴 했지만 형식적이라서 '뺑뺑이 세대'라고 불렸지.

34

국민교육헌장

1968년 12월 5일에 제정된 국민교육헌장은 1970년대 교육 이념의 좌표였어. 박정희 대통령은 국민교육헌장 선포 담화문에서 "국민 윤리의 기둥이며, 교육적 지표인 이 헌장으로 정신 개혁을 이룩하고 실천하여 생산적인 행동 규범으로 승화시킬 것"을 강조했어. 국민교육의 방향성으로 개인 윤리, 사회 윤리, 국가 윤리 순으로 국민 개개인이 지키고 실천해야 할 규범과 덕목을 명시했지.

우리는 민족 중흥의 역사적 사명을 띠고 이 땅에 태어났다. (…) 나라의 융성이 나의 발전의 근본임을 깨달아 (…) 반공민주 정신에 투철한 애국애족이 우리의 삶의 길이며, 자유 세계의 이상을 실현하는 기반이다.

국민교육헌장의 몇 구절이야. 국민교육헌장 선포일인 12월 5일에는 기념식과 더불어 스승에 대한 공경을 표시하는 각종 기념행사가 열

▲ 국민교육헌장 선포식

렸어. 아울러 국가 행사나 학교 행사에서 기관장들은 반드시 국민교육헌장의 모든 내용을 읽었어. 이러한 모습은 일제 때 교육칙어를 낭독하던 것과 크게 다르지 않았지. 나아가 각종 교과서 첫 장에 모두 실렸고, 학생들은 강제로 외워야 했어. 외우는 데 별로 재주가 없는 학생은 수업이 끝난 뒤에 남아서 외우느라 곤욕을 치렀대.

국민교육헌장은 박정희 정권의 기본 교육 이념이었어. 정권에 순순히 복종하는 '의무를 다하는 인간'이 필요했거든. 이러한 필요성은 국민교육헌장에 그대로 나타나 있어. 국민교육헌장은 민주주의 사회에서 요구되는 인간이나 개인의 인권과 자유를 요구하는 인간보다 국가에 복종하는 전체주의 인간의 모습을 앞세웠어. 교육은 '나라의 융성'을 앞세우기 위해 개인의 발전을 억압하는 것이 아니라 개인의 발전을 기반으로 사회와의 관계를 생각하도록 이끌어야 하는 건데 말이지. 국민교육헌장에 대한 저항과 비판은 점차 사회 전체로 퍼져갔어. 결국 1990년대 들어 국민교육헌장은 교과서와 정부의 공식 행사에서 사라졌지.

1972년 8월 9일 문교부는 국기의 존엄성을 높이고 애국심을 함양하기 위해 '국기에 대한 맹세문'을 제정했어. 학생들은 국기에 대한 경례 때마다 이를 암송했지. 더 나아가 모든 국민이 여름철에는 오후 6시, 겨울철에는 오후 5시에 국기 강하식에 참여해야 했어. 애국가가 흘러나오면 행상을 하는 아주머니도, 길을 걷고 있는 학생들도 모두 국기 강하식이 끝날 때까지 하던 일을 멈추고 서 있었지.

35

군사교육과 학도호국단

유신 체제 아래에서 국민교육헌장을 토대로 이른바 '국적 있는 교육', '반공 교육', '충효 교육'이 강조됐어. 특히 반공 교육은 『바른생활』, 『도덕』, 『국민윤리』 따위의 교과서를 통해 강조됐지. 또한 반공 사상을 높이기 위해 반공 웅변대회, 반공 영화 상영, 반공 표어 짓기, 반공 글짓기, 반공 포스터 그리기 따위의 여러 행사가 열렸어.

반공 교육은 군사주의 교육과 긴밀한 연관이 있었어. 학생들은 교련복을 입고 군대식 사열과 군사훈련을 반복해서 받았거든. 교련 검열이 있을 때에는 교련복에다 각반을 찬 학생들이 어깨에 목총을 메고 소대별, 중대별로 서 있었지. 교장 선생님이 운동장에 모습을 나타내면 군가조의 주악이 울리고 연대장이라 불리는 학생이 "임석 상관에 대하여 받들어총!" 하고 구령하면 일제히 "충효!" 하는 소리와 함께 '받들어총'을 하곤 했단다.

학생 자치 기구는 학도호국단으로 바뀌었어. 1960년 4·19혁명 뒤

폐지됐던 학도호국단이 1975년 유신 정권에 의해 부활된 거야. 학도호국단은 고등학교 이상 모든 학교를 대상으로 했어. '배우면서 나라를 지킨다'는 구호를 내건 학도호국단은 군사훈련 편제와 같이 편성됐어. 평상시에는 군사교육, 각종 단체 활동, 새마을운동을 하고, 전시에는 후방 질서 유지와 지역 방위 따위의 기능을 맡았지. 남학생은 사격, 행군, 화생방 교육 따위를 받았고, 여학생은 골절 처치, 환자 간호, 응급처치, 제식훈련 따위의 교육을 받았어.

◀ 고등학교 교련 합동 사열 모습

36

현모양처

어른들은 아이들에게 "너는 뭐가 되고 싶니?"라고 물으면서 "누구처럼 되어라", "누구를 닮아라" 하고 덧붙이곤 하지. 이때 어른들이 들먹이는 '누구'는 남자아이들한테는 이순신 장군 같은 인물이나 대통령 또는 재벌 총수, 판검사 같은 사람이야. 그렇다면 여자아이들한테는 어떤 사람을 닮으라고 말할까? 지금은 다르지만 예전에는 현모양처의 귀감으로 신사임당을 꼽곤 했지.

의무교육 제도의 실시는 여성에게도 교육 받을 기회를 제공했어. 1958년도 여학생 수는 1945년과 비교하여 초등학교 3.1배, 중·고등학교 6.1배, 사범학교 2.5배, 대학교 8.5배로 교육을 받는 여성들이 놀라울 정도로 늘었지. 그런데 교육 기회의 확대가 곧바로 남녀 사이의 교육 기회의 평등을 의미하지는 않아. 가난한 집안의 딸들은 대체로 진학을 포기하고 집안일을 돕거나 남자 형제의 학비를 벌었거든. 그렇지만 1980년에 이르면 중·고등학교의 남학생과 여학생 비율은 거의 1대 1

수준으로까지 좁혀졌어.

여성 교육은 남성 교육의 내용과 달랐어. 여성에게 강조된 역할은 남편에게는 착한 아내이고 자식에게는 현명한 어머니인 현모양처였지. 이때 모든 여성이 본받고 따라야 할 여성상이 바로 신사임당이었어. 박정희 대통령은 신사임당교육원을 세워 한국의 여성상을 정립하라고 했지.

신사임당교육원이 여성 지도자와 여학생들 중 학교 임원을 중심으로 운영됐다면 여학생 생활관은 모든 여학생을 대상으로 했어. 모든 여

> 한복을 차려입고 예절 교육을 받고 있는 모습이야.

▲ 생활관 교육

학교에서는 학교 옥상이나 외곽에 생활관을 설치해서 도덕, 예의범절, 요리법, 육아 따위를 가르쳤어.

여학생들은 생활관에서 한복을 입고 현모양처의 모범적 사례로 신사임당과 전통 예절을 배웠지. 이는 1980년대까지도 변함없이 이어졌어. 그래서 이때 학교를 다녔던 여성들은 친구들과 한복을 입고 찍은 사진 한 장씩은 갖고 있어.

생활관 교육은 여학생들에게 미래의 주부로서의 자신의 역할을 깨닫도록 했지. 교육 내용은 가족 관계, 식사 및 의복 관리, 기본 생활습관, 전통 예절 따위였어. 여학생들이 생활관에서 받은 교육이 주로 의식주 관리나 전통 예절이었던 데 반해 남학생들은 침묵 훈련, 명상 시간, 심성 훈련 따위로 자신을 뒤돌아보고 미래를 계획하게 하는 내용이었지. 며칠간의 숙박 교육에 지나지 않았지만 생활관 교육은 성별에 따라 이처럼 다른 내용의 교육을 실시하여 성역할을 학생들에게 더욱 강화시켰어.

37

과외 금지와
대입 본고사 폐지

중학교 무시험 진학 제도와 더불어 우리나라 교육제도의 중대한 전환점은 1968년 10월에 공포되어 오늘날까지 기본 뼈대가 유지되고 있는 대학 입학 예비고사 제도야. 먼저 국어·영어·수학 등 5과목에 걸쳐 객관식 문제로 기초 실력을 시험해 대학 입학시험에 응시할 자격을 부여하고 대학 정원의 150%를 뽑았어. 예비고사가 도입된 까닭은 그동안 대학별로 실시했던 입시 관리에 문제가 많았기 때문이야. 대학 입학 예비고사는 대학 입학 자격시험과 유사하게 여겨졌고, 대학별 본고사는 주로 국어·영어·수학으로 치렀어. 그러니 영어와 수학이 대학교 합격을 좌우할 만큼 중요한 과목이었지.『수학의 정석』과 『성문종합영어』가 나온 것도 이때였어. 어느 집에나 한 권씩 있을 정도로 인기가 대단했지.

전두환 정권은 1980년 7·30 교육 조치를 발표했어. 이때는 대학별 본고사가 폐지되고 대신 학력고사 성적 50% 이상, 고교 내신 성적

원서를 든 봉투를 들고 라디오로 접수 상황을 듣고 있네.

▲ 대학 입시 원서 접수창구에서의 눈치 작전

20% 이상을 반영해 학생들을 뽑았어. 7 · 30 교육 조치로 대학 정원을 대폭 늘리고, 졸업정원제를 실시하고, 과외를 금지시켰지. 이때는 '입시 도박'이라는 신조어가 유행했어. 어떻게든 대학에 들어가기 위해 경쟁률이 낮은 학과나 정원 미달 학과를 찾아 백지 원서를 든 학생들이 마감 날 마지막 몇 분까지 버티며 접수창구를 전전한 데서 나온 말이야.

1994년부터 시작된 제도가 대학수학능력(수능)시험이야. 시험은 내신 성적 및 대학별 논술과 함께 실시됐지. 그리고 2002년 교육부는 무시험 전형이라는 정책을 내놓았어. 정책의 요지는 암기 위주의 학습과 지나친 학력 위주의 경쟁을 없애고 다양한 품성과 인성, 소질과 적성을 종합해 대학이 알아서 학생을 선발하도록 하는 거야. 새 입시 정책은 '한 가지만 잘해도 대학에 갈 수 있다'라는 말로 표현됐어.

대학교 입학시험은 이렇게 예비고사에서 학력고사로 그리고 수능 시험으로 변화했지. 정책의 변화는 과외 과열 방지, 학생들의 시험 부담 경감, 암기 위주 교육 개선이라는 목적으로 전개됐어. 그러나 정권이 바뀔 때마다 교육정책이 바뀌어 많은 문제를 낳았어. 이렇듯 자주 바뀌는 교육정책 때문에 학부모와 학생들은 더 불안했지. 그 불안감은 오늘날 더 심해졌어.

21세기로 넘어오면서 학부모들은 교육 정보를 수집하고 아이의 시간을 관리하는 매니저로 바뀌었어. 전업주부인 어머니들이 학교나 학원에 아이를 맡기는 데 그치지 않고 직접 학과 공부를 설계하거나 가르칠 수도 있는 능력의 소유자로 변했지. 대학 입시 설명회에서 당사자인 학생들보다 학부모들이 먼저 자리를 차지하고 있잖아.

세계화의 바람은 입시 지옥에도 파급됐어. 1990년대 초반 국내의 입시 지옥을 벗어나는 길의 하나로 조기 유학이 등장했지. 유학비가 오히려 과외비보다 적게 든다는 인식이 공감을 얻으면서 조기 유학은 중산층으로까지 번졌어. 1997년 IMF사태로 한때 주춤했던 조기 유학은 1999년 이후 다시 증가세로 돌아섰고, 유학 연령층도 갈수록 낮아져 초등학생으로 빠르게 확대됐지.

조기교육 바람, 영어 열풍, 조기 유학, 기러기 가족 따위의 현상은 사교육 시장이 확장되고 공교육이 불신받는 현실을 잘 말해주지. 사교육

시장의 확장은 이미 공교육을 불신하는 뚜렷한 지표라고 볼 수 있어. 통계청에 따르면 사교육비 총규모는 2007년 20조 400억 원, 2008년 20조 9,000억 원, 2009년 21조 6,000억 원이야. 한국 사회에서 교육은 계급 재생산 또는 상승 이동을 위한 투자인 셈이지. 청년 실업의 장기화, 무한 경쟁의 가속화, 계급 하강에 대한 불안 따위가 자녀에 대한 부모의 보호를 더욱 강화시키고 있어.

6장

몸과 건강

38

미스코리아

아침에 세수하고 나서 거울을 보면서 코가 오뚝하지 않다는 둥, 다크서클 때문에 짜증 난다는 둥 자신의 외모를 불평하는 여성들이 많아. 여성이면 누구나 한번쯤은 자신의 외모에 불만을 가지는 것 같아. 그러면서 연예인이나 모델들의 외모를 닮으려고 하지. 우리는 왜 성격이나 취미도 다 다른데 유난히 외모만큼은 비슷해지려고 하는 걸까? 오뚝한 코, 쌍꺼풀진 동그란 눈, 갸름한 얼굴. 이 모습은 대개 '미인 대회'에서 미인을 선발하는 기준이지.

우리나라에서 미인 대회가 처음 열린 것은 1953년이야. 한 신문사에서 전쟁으로 침체된 분위기도 바꾸고 신문사 홍보도 할 목적으로 미인 대회를 열었지. 이 대회가 우리나라 최초의 미스코리아 대회로 알려져 있어. 세계 미인 대회에 참가할 미인을 뽑는 미스코리아 대회는 1957년에 시작됐어. 대회 관계자들은 "대한 여성의 진선미를 세계에 자랑할 미스코리아 선발"이라며 선전했지. 이때부터 미인의 조건은 서

▲ 미스코리아 당선 발표회

양 사람들과 겨룰 만한 외모를 갖추고 있어야 했어. 키는 커야 하고, 얼굴은 작아야 하고, 코는 오뚝해야 하고, 다리는 가늘고 늘씬해야 하고, 허리는 가늘어야 했지. 나중에는 키는 174센티미터, 몸무게는 50킬로그램 따위의 숫자로 표시했어.

미스코리아 선발 대회가 정부의 관심과 사람들의 인기를 끌자 다양한 미인 대회가 개최되기 시작했어. 미스 각선미 대회, 미스 해병 대회, 고추 아가씨 또는 굴 아가씨 선발 대회 등 지역마다 직종마다 미인 대회가 끊이지 않았지. 1964년에는 어린이를 대상으로 한 리틀 미스코리아 대회도 열렸어. 1990년 중반에 이르러서는 미인 대회가 100여 개가 넘을 정도로 많아졌지. 미인 대회는 여성에게 성공을 보장하는 길로 생각됐어. 미스코리아만 되면 부와 명예를 얻을 수 있다고 생각했지. 미인 대회에 나가기 위해 성형수술도 마다하지 않을 정도였잖아.

미스코리아 선발 대회는 텔레비전으로 중계되기도 했는데 시청률이 높았어. 1990년대 들어 미인 대회를 반대하는 운동이 일어났는데, 미인 대회를 텔레비전에서 방송하지 말라고 요구했어. 그리고 1999년에 '안티 미스코리아 대회'를 가졌단다. 이 대회는 여성의 몸을 숫자로 표현하고 규격화된 형태로 만드는 일에 반대했어. 사람들의 생각이 다 다르듯이 몸도 얼굴도 다 다르다는 것을 보여주었지. 키가 작거나 얼굴이 크거나 뚱뚱하거나 한쪽 다리가 불편하거나 몸은 다 소중하다는 생각을 널리 알렸어. 하지만 미인 대회를 반대하는 것만으로는 큰 효과를 거두지 못했지. 오늘날에도 여전히 많은 미인 대회가 열리고 있잖아.

39

성형과 다이어트

요즘 여성 잡지나 신문을 보면 성형을 하라는 광고가 끊이지 않아. 특히 여성 잡지는 성형수술, 다이어트, 미용에 관한 광고가 넘쳐나지.

1980년대 이전의 몸 광고는 '피부가 곱지 않으면 미인 축에 낄 수 없는 법'이라며 성형보다는 피부를 희게 만드는 법을 강조했어. 1980년대 들어서면서 성형외과 광고가 등장하기 시작했고, 1990년대 중반부터는 다이어트 광고가 엄청나게 늘어났지. 이제 다이어트는 비만이 건강에 해롭다는 생각에서 벗어나 "여성의 사회 진출이 활발해지면서 외모가 경쟁력의 한 부분이 되었습니다"라는 광고 문구처럼 여성들로 하여금 외모를 바꾸어 몸을 가꾸라고 요구하면서 식품 섭취에서 수술을 권장하는 방향으로 변화하고 있어. 이는 2000년대 미용 산업이 거대해지면서 강화됐지.

초기 병원 광고는 주로 질병 치료와 건강한 몸을 유지하는 데 초점

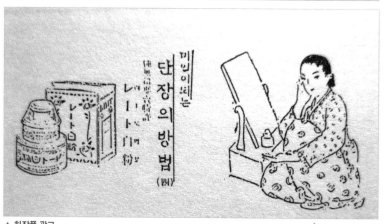

▲ 화장품 광고

'미인이 되는 단장의 방법'으로 레도백분(화장품 이름)을 광고하는 거야.

을 두었는데 점차 몸매를 고치라는 방향으로 바뀌고 있어. 성형의 부위 대상도 눈, 코 중심에서 얼굴 전체나 몸으로 확장됐지. 황금곡선 전문 클리닉, 윤곽 성형, 작은 얼굴 만들기 따위로 미용을 목적으로 한 성형이 세분화되고 몸 전체로 확대되는 추세야. 이런 변화는 성형외과 의사 수의 증가로도 알 수 있어.

성형외과 전문의 수는 1980년에 67명, 1990년에 310명, 2000년에 925명, 2003년에 1,193명으로 늘었어. 2003년 내과를 비롯한 다른 분야의 전문의는 1980년과 비교해 3~8배 증가한 데 비해 성형외과 전문의는 무려 18배나 증가했어.

이 과정에서 아름다움이란 타고난 것이 아니라 만들어지는 것임을 강조하는 광고가 눈에 띄게 많아졌지. "코 수술만으로, 안면윤곽술만

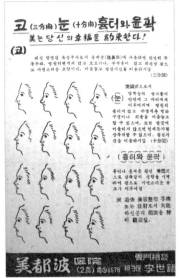

◀ 성형 광고

으로 원하는 아름다움을 연출할 수 없다. 코 수술, 안면윤곽술의 병행으로 이미지를 업 시키자. 조화로운 얼굴 스타일을 연출할 수 있다" 따위의 광고 문구는 이제 자연스럽게 느껴질 정도야.

오늘날 몸 관리에 들이는 과도한 투자는 그 규모를 측정할 수 없을 정도로 일상생활 곳곳에서 이루어지고 있어. 성형 산업은 비난에서 열광의 대상으로 전환됐지. 대중매체를 통해 전파되는 내용 가운데 상당부분이 몸, 다이어트, 성형, 음식, 운동, 자기 계발, 몸값 올리기 따위로 채워져 있어. 그만큼 일상생활에서 중요한 화두가 된 거지. 현재 성형수술, 다이어트 프로그램으로 몸을 바꾼 사람들은 이를 숨기지 않아. 오히려 성형 이전과 이후의 모습을 자신 있게 드러내는 것이 자신감 있고 용감한 행위라고 더 주목을 받고 있지.

40

전염병과 DDT

해방 뒤 부산이나 인천 등 항구도시는 만주나 일본 또는 남태평양에서 돌아오는 사람들로 북적였어. 이들은 여러 지역으로 이동했는데 전염병도 이들과 함께 옮겨 다녔지. 1946년에 사람들을 두려움에 떨게 했던 전염병은 호열자였어. 호열자는 호랑이가 살점을 찢어내는 것 같은 고통을 가져다준다 하여 붙여진 이름으로 보통은 콜레라라고 해. 1946년 5월 말, 미 군정의 방역 작업에도 불구하고 콜레라는 상륙한 지 한 달이 못 되어 부산 전역에 퍼져나간 뒤 전국으로 확산될 조짐을 보이기 시작했어. 민심이 동요하자 미 군정은 다음과 같은 내용의 담화를 발표했지.

콜레라는 현재 부산에서 발생되고 있는 것이 제일 관심이 크다. 지금 부산과 그 근교에 발생된 환자는 92명인데 그중 30명이 사망하였다. (…) 그리고 전남 목포에도 13명의 환자가 발생되어 그중 7명이 사망하였는데 이 예방에 필요한 약품은 풍부하다. (…) 이상에 말한 것은 전부 정식 보고에 의한 것이니 일반은 이 발표만을 믿고 다른 유언에 동요되지 말기를 바란다. 현재 남조선에 유행되고 있는 콜레라는 앞으로 2주일 내지 3주일 안으로 완전히 퇴치시킬 준비를 갖추고 있으니 일반도 발견되는 대로 보고해 주기를 바라며, 될 수 있는 대로 여행을 삼가고 각 개인이 음식물에 특별 주의해 주기 바란다.(《서울신문》, 1946년 6월 5일)

전염병을 옮기거나 식량을 갉아 먹는 쥐를 잡기 위해 만든 쥐잡기 운동 포스터야.

◀ 쥐잡기 운동 포스터

미 군정은 2~3주 이내에 진정된다고 말했지만 콜레라는 무더운 여름철 동안 전국으로 빠르게 번졌어. 군정청은 주요 도시에 방역소를 두고 통행하는 사람들을 방역했지. 경기도의 한 극장에서는 방역반을 만들어 '콜레라 증명서'가 없는 사람은 입장을 금지했대. 이렇게 널리 퍼진 콜레라는 찬 바람이 불기 시작하는 9월부터 기세가 꺾이기 시작했고, 10월 초가 되어서야 줄어들었지. 여하튼 그해 6개월 동안 1만 5,464명이 콜레라에 걸렸고 1만 181명이 사망했어.

전염병은 한국전쟁 때 더 극성을 부렸어. 〈표 20〉은 보건부에서 발표한 주요 전염병 발생 수야. 1951년에 두창(천연두)은 4만 3,213명, 장티푸스는 8만 1,575명, 발진티푸스는 3만 2,211명이나 걸렸어. 1940년과 비교해 두창은 13배, 장티푸스는 13배, 발진티푸스는 무려 18배나 늘었지. 전쟁 전인 1949년과 비교해도 크게 다르지 않아.

〈표 20〉 **급성전염병 발생**

연도	두창		장티푸스		발진티푸스		콜레라	
	발생	사망	발생	사망	발생	사망	발생	사망
1940년	3,264	629	6,500	1,105	1,806	190		
1946년	20,810	4,234	11,278	1,921	4,754	442	15,464	10,181
1949년	10,085	2,068	5,691	515	1,322	120		
1951년	43,213	11,530	81,575	14,051	32,211	6,154		

보건부, 『1950년 보건통계연보』, 1951, 48~50쪽.
보건사회부, 『1955-1957년 보건통계연보』, 1958, 96~101쪽.

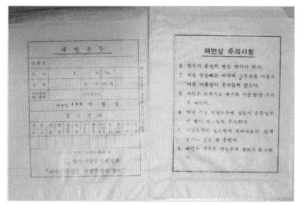

"반드시 본인의 변을 받아야 한다"고 주의를 주고 있어.

▲ 채변 봉투

예방접종으로 전쟁 뒤 이런 전염병 발생 수는 줄어들었지만 뇌염과 말라리아 따위의 전염병이나 기생충 감염은 전혀 줄어들지 않았지.

각종 질병은 파리나 쥐에 의해 전염됐기 때문에 이를 퇴치하는 운동이 펼쳐졌어. 학교에서는 대·소변을 보고 반드시 손을 씻을 것을 강조했고, 쥐덫이 집 안 곳곳에 설치됐지. 그때 아이들의 숙제가 쥐 꼬리 잘라오기나 파리잡기였다지.

또한 "국민 기생충 감염률 0% 달성 10년 운동"이라는 구호를 내걸고 기생충에 대한 계몽 활동이 전개됐어. 1969년부터 전국 초·중·고 학생들은 기생충 검사를 받아야 했다는구나. 학생들은 기생충 검사를 위해 똥을 담은 채변 봉투를 들고 학교에 갔단다. 미리 준비하지 못한 학생들은 공중화장실의 것을 몰래 담아가기도 했지.

한국전쟁 때는 발진티푸스나 말라리아를 줄이려고 살충제인 DDT를 사람에게 뿌렸어. 발진티푸스는 세균의 일종인 리케차로 발생하는

▲ DDT 살포 장면

질병인데 벼룩과 이와 진드기가 리케차를 옮겼지. 살충제인 DDT가 발진티푸스와 말라리아 발병을 낮춘다고 알려지자 전 세계에 DDT가 살포되기에 이르렀어. 한국전쟁 때 DDT는 사람과 건물, 배수로에 뿌려졌어. 1951년 9월 30일 현재 한국인의 75%가 DDT 살포를 받았대. 그 뒤 DDT는 한국인의 위생을 관리하는 중요한 몫을 담당했지.

하지만 매년 들었던 울새와 찌르레기 소리를 DDT 살포 뒤에 더는 들을 수 없다고 고발한 레이첼 카슨(Rachel Carson)은 다음과 같이 DDT의 위험을 경고했어.

DDT의 미국 내 제조는 금지되었지만 그 수출은 금지되지 않았으며 지구 대기층과 해양, 강물과 야생의 환경오염은 줄어들지 않았다. DDT는 지구 상 모든 해양의 새와 어류의 간에서 발견되며 여성의 모유에서도 발견된다.(레이첼 카슨, 『침묵의 봄』, 에코리브르, 2011, 22쪽)

41

___ 가족계획 정책

___ 전후 1955~1960년에 인구는 빠르게 늘어났어. 해방 때 1,614만 명이던 남한 지역의 인구는 1955년에 2,150만 명, 1960년에는 2,490만 명으로 늘어났지. 1955년의 인구 구성비를 보면 0~14세의 인구가 전체 인구의 41.2%를 차지했거든.

박정희 정권은 가족계획 사업을 경제개발 5개년 계획의 한 부분으로 추진했어. 식량과 일자리는 부족한데 인구가 계속 늘다 보니 나라 경제에 큰 부담이 됐거든. 그래서 시작된 정책이 아이를 덜 낳자는 가족계획 사업이야. 처음에는 "알맞게 낳아서 훌륭하게 기르자"라는 구호로 시작됐는데 1960년대 중반이 되면서 "세 살 터울로 세 자녀만 35세 이전에 낳자"라는 구호로 바뀌었지.

1970년대 들어와서는 가족계획 정책의 기본 방향도 '1가구 2자녀 이하 갖기'로 정했어. 정부는 방송, 신문, 잡지 같은 모든 수단을 이용해 가족계획 사업을 선전했지. 그 밖에도 우표, 담뱃갑, 극장표나 길거리

담벼락, 심지어는 가정의 대문에까지 "적게 낳아 잘 키우자", "딸·아들 구별 말고 둘만 낳아 잘 기르자" 따위의 표어와 포스터를 붙였단다. 또 1976년에는 자녀가 2명 이하인 집에는 세금을 줄여주었대. 이렇게 20년 가까이 계속된 가족계획 사업으로 1960년대가 시작될 무렵 한 집에 6명가량이던 아이 수가 1970년대가 끝나갈 때에는 3.2명으로 줄어들었어.

정부는 가족계획을 확산시키기 위해 여러 가지 유인책을 마련했는데, 불임 시술을 한 저소득 가정 여성들에 대한 생계비 지원을 늘리고 불임 시술자에게는 유급 휴가제를 실시했어. 여러 피임 방법 가운데 남성 불임술이 가장 많이 권장됐는데, 예비군을 대상으로 실시한 정관수술 사업은 큰 성공을 거두었대.

▲ 1970년대 가족계획 포스터

1980년대 들어와서는 하나만 낳자고 말했어. "둘도 많다", "축복 속에 자녀 하나 사랑으로 튼튼하게"라는 구호로 바뀌었지. 이때 한 집에서 낳은 아이 수가 2.1명으로 크게 낮아졌지. 이렇게 낮아진 까닭은 20년 넘게 계속된 가족계획 정책과 여성들이 옛날처럼 많은 시간을 아이 낳고 기르는 데 보내고 싶지 않았기 때문이야. 그런데 아들을 꼭 낳아야 한다는 생각은 크게 바뀌지 않았어. 그 바람에 임신한 아이가 남자아이인지 여자아이인지 알아보고 여자아이면 낙태시키는 일이 많았단다.

정부는 인구 증가를 억제하기 위해서는 남아 선호 사상을 철폐해야 한다는 데 착안하여 아들이 없어도 노후 대책이 보장되는 방안을 강구했지. 그 하나로 1980년 5월 8일 어버이날을 기해 70세 이상의 노인에게 경로우대증이 발급됐어. 경로우대증을 갖고 있는 모든 노인에게 철도나 지하철을 포함한 공공서비스 요금과 목욕, 이발, 버스, 사찰 입장 요금의 50%를 할인해 주었지.

지금은 출산율은 줄고 고령 인구가 늘어가면서 한국도 고령화 사회로 진입했어. 2018년이면 전체 인구 가운데 65세 이상의 노인이 14%가 넘는대. 저출산·고령화 사회는 일할 사람이 줄어들어 성장이 둔화될뿐더러 노인 부양 부담의 급증을 뜻하지. 그래서 요즘은 "아빠, 혼자는 싫어요. 엄마, 저도 동생을 갖고 싶어요"라는 구호로 바뀌었어. 아이를 둘 낳으면 유치원 비용을 정부에서 지원해 준다거나 셋 이상 낳으면 세금을 적게 내게 하겠다는 정책까지 등장했지.

42

전 국민 의료보험과
의료산업화

1948년 4월 7일에 국제연합 산하 전문기구로 세계보건기구(WHO)가 발족됐어. 우리나라는 1949년에 이탈리아 로마에서 개최된 제2회 세계보건총회에 대표를 파견해 정식 회원국으로 가입했지. 제1회 세계보건일 기념행사는 1952년 4월 7일에 개최됐어.

> 4월 7일 세계보건일을 맞이하여 세계보건기구의 일원이 되어 있는 우리나라에서 7일부터 13일까지의 1주일을 보건 주간으로 정하여 거국적인 행사를 하게 됐다 한다. 이에 의하여 부산시에서는 백만 시민의 환경위생 향상을 위하여 7일부터 1주일간에 예방주사, 청소, 식수 소독, 쥐잡기 작업 등을 하게 되어 일반의 협조를 요망하고 있다.(〈부산일보〉, 1952년 4월 3일)

세계보건일은 그 뒤에도 꾸준히 개최됐어. 1960년에 진행된 세계보건일 일정은 다음과 같아.

4월 7일	세계보건일	
4월 8일	보건소를 찾아보자	
4월 9일	환경위생	집 안팎을 깨끗이 하자, 변소에 파리가 들어가지 못하도록 하자(변소에 뚜껑을 해 덮자)
4월 10일	모자 보건	임신부는 보건소에 가서 건강진단을 받자, 예방주사를 주기적으로 보건소에 가서 맞자
4월 11일	여름철 전염병 예방	물은 끓여서 먹자, 모기 파리가 생기지 못하도록 하자, 장티푸스 예방주사를 맞자
4월 12일	기생충을 예방하자	인분 처리는 위생적으로, 변소는 깨끗이, 고기·민물고기를 익혀서 먹도록 하자, 채소는 깨끗이 씻어서 먹도록 하자
4월 13일	개인위생	용변 후 식사 전에는 반드시 손을 씻자, 몸은 항상 깨끗이, 가래침을 함부로 뱉지 말자, 거리에서 용변을 하지 말자

▲ 한국에서 1960년에 진행된 세계보건일 행사

세계보건일을 맞아 환경위생 및 개인위생과 관련된 여러 행사가 진행됐네. 이 행사는 질병 예방에 대한 개인의 책임을 강조한 거야. 이에 반해 의료보험은 개인과 사회의 책임을 함께 강조한 질병 예방 정책이지.

의료보험은 1963년 12월 16일 법률 제1623호로 제정됐어. 법률 제정 과정에서 강제가입 방식의 의료보험 제도가 임의가입 방식으로 바뀌었지. 1965년부터 1976년까지 전국적으로 조직된 임의가입 방식의 의료보험조합은 모두 11개였으며, 보험 가입자는 1976년까지 6만 7,929명으로 전체 인구의 0.2%에 지나지 않았어.

1970년대 말 기존의 의료보험법이 완전히 개정됐어. 1977년 7월 1일을 시작으로 500인 이상 사업장을 대상으로 강제가입 의료보험 제

◀ 세계보건일 알림 책자

◀ 위생 관련 포스터

도가 실시됐어. 그리고 1988년부터 농어촌 주민을 대상으로 한 지역의료보험 실시를 시작으로 1989년 도시 지역 자영업자를 비롯한 모든 국민을 대상으로 한 의료보험 제도가 시행됐어. 2000년 7월 1일부터는 의료보험의 명칭을 국민건강보험으로 바꾸었지. 건강보험 대상이 안 되는 질병이나 약품도 많긴 하지만 국민건강보험은 질병을 예방하는 데 큰 역할을 하고 있지.

보건의료는 영리보다는 공공성을 추구한다고 여겨져왔어. 의사들이 의사가 되기 전에 '히포크라테스 선서'를 하잖아. 이 선서는 의료의 공공성을 잘 설명하고 있지. 전쟁터에서 비록 적군인 환자라도 의사는 치료할 의무가 있다는 규정도 모두 여기에서 출발했거든.

그런데 병원의 영리법인 허용 등을 주장하며 의료민영화를 이야기하는 사람들이 있어. 의료 업무를 부를 창출하는 산업으로 여기는 거야. 보건의료의 영리성을 공식화하고 이를 부추기는 것은 그동안 국민 건강이 다른 어떤 가치보다 우선한다고 여기며 의료 업무의 공공성을 강조해 오던 사람들을 당혹스럽게 만들었어. 그래서 의료민영화 반대라는 문제가 제기됐지.

공공 부문의 민영화는 대기업과 재벌들에게 이권을 몰아주는 것과 같아. 기존 공공 조직의 소유를 민간 부문으로 넘길 경우, 이를 인수할 만한 자금력을 가지고 있는 곳은 대기업이나 재벌뿐이야. 의료민영화 정책이 추진됐을 때 보건의료 체계의 모형은 수직적 통합이래. 대형 보험회사가 대형 병원과 중소 병원을 소유하거나 관리 아래 두는 형태라는 거지.

이런 까닭에 의료민영화는 의료비의 상승, 건강보험료 부담, 건강보험의 축소, 국민 건강과 의료의 양극화를 가져올 거래. 의료민영화를 하는 미국에서는 높은 의료비와 보험료로 인해 4,500만 명에 달하는 의료보험 미가입자가 발생하고 있으며 민간보험의 횡포로 많은 서민이 고통받고 있대. 따라서 우리가 나아갈 방식은 아니라는 거야. 의료민영화의 도입은 우리나라 보건의료 체계의 공공성을 더욱 취약하게 만들 가능성이 높기 때문이지.

7장

주거와 생활

43

귀환민과 해방촌, 피난민

돌아오네 돌아오네 고국산천 찾아서

얼마나 그렸던가 무궁화 꽃을

얼마나 외쳤던가 태극 깃발을

갈매기야 웃어라 파도야 춤춰라

귀국선 뱃머리에 희망은 크다

(손로원 작사, 이재호 작곡, 이인권 노래)

해방 때 인기 있던 「귀국선」이란 노래야. 해방 뒤 고국으로 돌아온 사람들의 심정을 잘 표현하고 있지. 사람들은 일본이나 중국에서 배로 귀국하거나 만주에서부터 걸어서 고국으로 돌아왔어. 동남아시아로 징용되거나 군속으로 동원된 사람들은 연합군의 포로가 됐다가 뒤늦게 귀국했지. 일본, 중국, 만주 등지에서의 귀환은 해방 내내 계속됐고 그 수는 200만 명을 넘어섰어.

〈표 21〉 **귀환 지역에 따른 남한 입국자 수**(단위 : 명)

일본	중국	만주	북한	남양군도	기타	합계
1,119,574	72,848	317,327	648,784	14,058	17,051	2,189,642

조선은행 조사부, 『경제연감』, 1949, IV-19쪽.

귀환 동포의 3분의 2는 도시에 정착했어. 해방 때 서울 인구가 약 90만 명이었는데 1949년에 145만 명으로 늘었어. 55만 명이 늘어난 셈인데 대개 귀환 동포들이었지. 부산에도 20만 명이 넘는 귀환 동포가 체류했대. 사정이 이렇다 보니 실업과 주택, 식수, 식량 문제가 심각했지.

> 서울의 주택난은 실로 심각하다. 중국, 일본으로부터 해방된 그리운 고국으로 돌아온 귀환 동포들의 대다수는 배고파 울고, 집 없어 울고, 가련하게도 거리에서 방황하고 있다. 대체 일본인이 남기고 간 소위 일인 주택은 어찌 되었는가? (…) 비합법적인 권력을 행사하여 좋은 집, 큰 집을 차지하고 있는 권력 있는 사람들과 양심도 아무것도 없고 다만 돈만 있는 파렴치한 모리배의 독점에 있지 않은가?(〈독립신보〉, 1946년 6월 7일)

일본인이 남기고 간 주택은 대개 모리배가 차지하고 정작 귀환 동포는 갈 곳이 없다고 말하고 있네. 귀환 동포들은 제대로 정착하지 못하고 도시의 부랑자로 전락하는 경우도 많았대. 해방이 됐다고 삶의 터전이었던 곳을 버리고 찾아온 조국에서 그들의 삶은 참담함 그 자체였지. 굶주림은 물론 편히 발 뻗을 만한 방 한 칸 장만할 수 없었어.

삼팔선 이북에서 이남 지역으로 내려온 사람들이 남산 기슭을 임시 거처로 사용하면서 해방촌이 생겨났어. 해방촌은 1945년부터 월남한 사람들이 그때 비어 있던 일본의 육군 관사를 점거하여 살기 시작하면서 형성됐어. 이들은 미 군정의 퇴거 명령으로 이태원 쪽(초기의 용산동)으로 이주하게 됐지. 이때부터 해방촌의 역사가 시작된 거래. 월남민은 자신들이 '공산 치하에서 해방된 것을 기념'해 해방촌이라고 했다지.

월남민이 계속 해방촌으로 모여든 까닭은 생계 유지에 유리했기 때문이야. 생계 수단으로서 상업 활동을 쉽게 할 수 있는 공간인 남대문 시장이 근처에 있고 집값도 싸서 해방촌은 서울 어느 지역보다 이주하기에 좋은 마을이었지. 월남민은 남한 사회에 이주해 둥지를 마련했지만 살기가 쉽지 않았어. 현지 주민과 경쟁하며 살아야 했고, 그들보다 더 열렬하게 '반공 투사'임을 증명해야 했거든.

이후 전쟁의 와중에서 공장이나 공공건물뿐만 아니라 민간 주택도 거의 파괴됐어. 전쟁 때 피난민들의 흔한 주거지는 천막촌이었지. 피난민들은 낙동강변에 천막을 치거나 짚으로 움집을 지어 생활했어. 찢어진 낙하산이든 나무 상자 조각이든 깡통이든 가리지 않고 주워 모아 얼기설기 얹어 집처럼 만들었어. 이것이 바로 판잣집이야. 살림살이라고 해봐야 솥단지 하나에 다 찌그러진 냄비 하나가 전부였지. 그때 임시 수도였던 부산에는 피난민들이 모여들어 인구가 100만 명이 넘었대.

피난 시절 수돗물이 어찌나 귀했던지 대부분의 가정에서 '밥 동냥은 주어도 물 동냥은 주지 않는다'며 거절하기가 예사였지. 우물 있는 집에서는 밤낮을 가리지 않고 물 동냥을 빌러 오는 바람에 넌더리가

난 나머지 우물에다 뚜껑을 덮어씌우거나 자물쇠를 채우기까지 했다는구나. 공동 수도가 있기는 했으나 몇 군데밖에 없었어. 공동 수도 앞에는 물이 나오기 몇 시간 전부터 200~300개의 물통이 빽빽하게 줄을 섰고, 심지어 500개 넘는 지역도 있어 사람들 사이에 실랑이가 벌어지기 일쑤였지.

피난민 집단 수용소도 크게 다르지 않았어. 식량, 물, 연료, 천막 등 모든 것이 부족했지. 가마니 한 겹으로 겨우 땅바닥을 면한 피난민도 많았어. 충남 연기군에 있는 피난민 수용소에는 목조 창고 4동에 1,088명의 피난민이 수용됐는데, 구호물자는 담요 4개, 점퍼 2벌, 광목 4필, 양말 54켤레, 비누 51개, 로션 1상자가 고작이었어. 그러니 아이들도 먹을거리를 찾으러 다녀야 했지.

◀ 영등포 피난민 수용소의 아이들

44

___ 부엌과 연탄

        부엌은 옛날부터 여성들에게 친밀한 장소야. 주부가 평생 동안 가장 많은 시간을 보내는 곳이지. 주택이 예전의 모습과 많이 달라진 것처럼 부엌도 그렇단다. 여성에게 부엌의 변화는 어떤 의미일까?

    예전의 부엌은 여성이 음식을 장만하는 곳이자 집안일을 하는 곳이었어. 매일의 식사 준비뿐만 아니라 계절마다 장 담그기, 젓갈 담그기, 김장 담그기 따위의 일을 하면서 한 해의 먹을거리를 장만하는 일이 부엌에서 행해졌지. 먹을거리 재료들을 보관하고 다듬는 일은 부엌 앞마당이나 뒷마당 또는 곳간에서 했어. 부엌은 불과 솥이 있는 공간과 곳간이나 장독대 따위의 저장 시설까지 포함했단다. 그래서 여성이 부엌에서 이루어지는 일을 모두 관할했고, 며느리가 들어와도 부엌과 관련된 일을 선뜻 넘기지 않았대.

    부엌은 또 여성들의 은신처이기도 했어. 며느리들은 아궁이 앞에서

▲ 아궁이와 부뚜막이 있는 부엌

눈물을 흘리며 시집살이의 설움을 달랬어. 또한 부지깽이로 모르는 글자를 남몰래 써보는 배움의 장소이기도 했지.

이러한 부엌의 기능이 도시화와 산업화가 진전되면서 바뀌기 시작했어. 전업주부라는 말이 생긴 것도 이때부터야. 그래서 부엌은 주부의 공간으로 새롭게 태어났지.

끼니때마다 장작을 때서 밥을 짓고 방마다 군불을 때고 풍로에 따로 숯불을 피워 반찬을 하던 주부들에게 필요할 때면 아무 때나 불을 쓸 수 있는 연탄아궁이는 변화의 시작이었지. 이 연탄은 초기에는 구멍이 19개여서 '십구공탄'이라 부르다가 길고 어색해서 '구공탄'이라 불렀어. 1970년부터는 구멍이 22개인 연탄을 주로 사용했어. 땔감을 마련하느라고 남벌이 심각해지자 정부가 산림 보호 정책의 하나로 구공탄

十九孔炭값
죽을지경이다 →

하늘 높은 줄 모르고
오르는 구공탄 값을
풍자한 삽화야.

▲ 구공탄

사용을 널리 권장하면서 연탄이 주 연료원이 됐지. 1950년대 후반에
들어서면서 일반 주택과 상가를 중심으로 구공탄 온돌과 난로의 사용
이 일반화됐고 제조법 또한 상당한 기술에 이르렀어. 집집마다 대문 옆
에 연탄재가 쌓여 있는 장면은 도시 주택가에서 흔히 볼 수 있는 모습
이었지. "해마다 서울 백만 가정의 겨울을 지킵니다"라는 광고 문구처
럼 연탄은 생활의 근대화를 지펴온 불이었어. 연탄 사용은 1985년까지
도 48%에 이를 정도였어. 가스가 보급되고 전기 제품이 일상화되면서
연탄 사용은 줄어들었지.

▲ 도시가스가 들어오는 주방

　가스가 보급되자 부엌은 예전과 비교할 수 없을 정도로 변했어. 우선은 방이나 거실과 분리된 구석진 곳에 있던 부엌이 집 안으로 들어왔어. 그래서 요즘은 '주방'이라고 하잖아. 그리고 부엌에 상하수도가 설치돼 공동 우물에 가서 힘들게 물을 길어 오지 않아도 됐지. 입식 부엌이 일반화되면서 주방 가구 전문 업체가 생겨나 주방용품과 조명 따위의 실내장식에까지 관심을 갖게 됐지. 오늘날 부엌은 가정생활의 중심 공간으로 변했어.

45

아파트 붐과 달동네

아파트는 2010년 현재 전국 주택의 58%를 차지해. 가히 아파트의 시대라 할 수 있지. 우리나라에서 최초로 단지 형태로 건설된 아파트는 1962년에 준공된 서울의 마포아파트야. 마포아파트 이전에도 서울에는 1950년대 후반에 건립된 행촌아파트, 종암아파트, 개명아파트가 있었어. 하지만 단지 형태를 갖추지 못한 단독 건물 형태의 아파트였지. 마포아파트는 6층짜리 10개 동이 있었으며 여기에 642가구가 입주했어.

1970년대 중반부터 잠실을 중심으로 서울의 강남 지역에 대규모 아파트 단지가 건설됐어. 3~4명의 가족이 살기에 적합한 아파트는 집 안에서의 생활에도 많은 변화를 가져왔어. 예전처럼 부엌에서 차린 상을 두 손으로 받쳐 들고 높은 문지방을 넘어서 마당을 거쳐 마루로 올라가서 방 안으로 들어가지 않아도 됐거든. 주방에 식탁이 놓여 있어서 상을 들고 다닐 필요가 없어진 거지. 입식 부엌이 보편화되면서 각종 주

▲ 마포아파트

방용품을 편리하게 사용할 수 있게 됐으며, 주방과 거실은 가족들의 공유 공간으로 자리 잡았어. 이 방에서 저 방으로 갈 때마다 신을 신고 벗는 번거로움도 사라졌지. 화장실에 욕조가 설치되고 샤워기도 달려서 굳이 목욕탕을 찾지 않게 된 것도 큰 변화였어. 그래서 명절 때면 북적이곤 하던 동네 목욕탕이 많이 사라졌어.

무허가 판자촌 재개발은 1983년부터 본격적으로 시도됐어. 그런데 오히려 재개발로 인해 그 지역에 살던 사람들은 가옥주든 세입자든 거의 대부분 그 지역을 떠났단다. 주택 재개발이 이루어지면 기존의 주민은 대부분 떠나고 새로운 중산층의 사람들이 그 지역으로 들어와 살았어.

중산층의 상징이던 아파트는 1990년대 들어 크게 늘어났어. 강남 일대의 택지 개발이 일단 끝나자 건설업자들은 강북의 미개발지에 아파트를 짓는 데 열중했어. 노태우 정권이 민심을 잡으려고 밀어붙인 200만 호 주택 건설 사업도 아파트 비율을 크게 높였지. 서울 상계동을 비롯해 분당·일산·산본·평촌 등 신도시에 초고층 아파트 단지가 들어섰어. 예전에 달동네라 불리던 지역에 고층 아파트가 병풍처럼 들어섰지. 1980년대 중반부터 20층이 넘는 고층 아파트가 지어졌어. 그 뒤에 아파트의 고밀화, 고층화 현상은 더욱 심화됐지. 이제 서울 어디를 가든 주변에 맨 아파트만 보이잖아.

1960년 전체 인구 가운데 59%를 차지했던 농민은 미국에서 들어오는 엄청난 양의 잉여농산물과 낮은 쌀값 정책으로 생산비조차 마련하기 어려웠어. 살기 어려워진 농민들은 차츰 농촌을 떠났고, 농업인구는 1975년에 전체 인구의 38%로 줄었어. 농업이 산업에서 차지하는 비중도 점점 줄었지. 대를 물리면서 살아온 농촌에서 더는 희망을 찾을 수 없었던 농민들은 1960년대 말부터 해마다 50만 명씩 대도시로 몰려들었어. 처음에는 농촌의 젊은이들이 도시에 나가 생계비를 벌어보겠다고 시작된 이농은 이제 가족 전체가 보따리를 싸 들고 도시로 떠나는 형편이 되고 말았지. 농민들에게 도시는 꿈과 희망을 가져다주는 공간으로 생각됐거든.「서울의 아가씨」라는 대중가요도 도시의 삶을 동경하고 서울에서의 생활은 뭔가 잘될 것 같은 예감으로 가득 차 있어.

> 서울의 아가씨는 멋쟁이 아가씨
>
> 서울의 아가씨는 맘 좋고 슬기로워
>
> 서울의 아가씨는 명랑한 아가씨
>
> 남산에 꽃이 피면 라라라라 라라라라
>
> 발걸음 가벼웁게 라라라라 라라라라
>
> 그대와 나란히 손을 잡고 걸어요
>
> (김남석 작사, 박선길 작곡, 이시스터즈 노래)

1960년 28%에 불과하던 도시인구 비율은 1970년에 41%, 1980년과 1985년에는 각각 57%와 65%로 늘어났어. 해방 때 도시 수는 11개로 도시인구가 전체의 14%에 지나지 않았지만 1966년에 이르면 도시수는 32개, 도시인구는 34%에 달했지. 1955년에 157만 명 정도였던 서울 인구는 1960년 244만 명, 1966년 379만 명, 1979년 800만 명을 넘어섰어. 1988년에는 드디어 1,000만 명을 넘어서서 전국 총인구의 25%에 달했지.

인구가 불어나자 서울에는 무허가 판자촌이 빠르게 늘어났어. 농촌을 떠나 서울로 이주한 사람들이 살았던 이런 지역을 '달동네'라고 불렀지. 무허가 판잣집은 주로 나뭇조각, 베니어판 따위로 지었는데 서울의 경우 무허가 판자촌이 많이 있던 지역은 낙산, 인왕산, 남산 기슭의 구릉지와 하천변이었대. 1961년에 서울에만 판잣집이 8만 4,440호

▲ 서울 도동 일대의 판자촌(현재 남영동과 후암동 일대)

에 이르렀고 매년 10~15％씩 늘어났어. 서울시는 단속과 철거를 계속
해 오다가 도심 인근의 판자촌 주민들을 서울 외곽의 새로운 정착지에
집단으로 이주시켰어. 서울 외곽의 국공유지에 10평 내외의 필지를 분
양해 이주민들이 집을 짓도록 했지. 1957년부터 1962년까지 미아리에
이러한 집단 정착촌이 최초로 생겼고, 1970년에 이르기까지 서울 외곽
20개 지역에 모두 4만 3,000가구가 정착했어.

　　정부의 무계획적인 이주 정책에는 부작용도 따랐어. 결국에는 1971
년 8월 10일 '8·10 성남(광주대단지)민권 운동'이 발생했지. 서울시는 판
자촌 이주 정책에 따라 15만여 명의 영세민을 경기도 광주군 중부면

▲ 미아리 정착촌의 아이들

(지금의 경기도 성남시)으로 이주시켰어. 그런데 이들은 이주 지역에서 일자리를 구할 수 없었고, 서울시의 턱없이 높은 토지 불하 대금에 분노했지. 결국 참다 못한 5만여 명의 군중이 파출소를 습격하고 "배가 고파 못 살겠다", "일자리를 달라", "영세민을 더 이상 착취하지 말라"고 외치며 도시를 점거하기에 이르렀지. 광주대단지 사건은 1960년대 급속한 산업화와 이농으로 도시로 몰려든 수많은 도시빈민들이 정부의 무분별한 도시 정책으로 빈곤과 좌절 상태에 빠지자 이에 반발하여 일으킨 사건이었어.

46

____ 기차와 지하철

조선시대에는 서울에서 부산까지 걸어가는 데 일주일 이상이나 걸렸대. 1905년 1월에 경부선이 개통되면서 그 거리는 17시간 만에 가게 됐지. 일주일 이상 걸리던 거리를 기차로 하루 만에 도착하게 된 거야. 1906년 4월에는 서울-신의주 간 경의선이, 1914년에는 대전에서 목포를 잇는 호남선이 개통됐어. 우리나라 첫 철도는 1899년 9월 18일에 개통된 노량진-인천 간 경인선이야. 철도가 건설되면서 철도 주변에는 도시가 발달했지.

해방 뒤에도 기차가 운행됐지만 차량과 선로가 부실한 상태였고 1945년 9월 11일부터 남북 사이에 열차 운행이 중지됐지. 1945년 12월 27일에 우리 손으로 만들고 우리 이름을 붙인 첫 증기기관차가 세상에 나왔단다. 이 기관차의 이름이 '해방 제1호'야. 이듬해인 5월에는 서울-부산 간 특별 급행열차인 '조선해방자호'가 달리기 시작했어. 1966년 7월에는 특별 급행여객열차 '맹호호'가 서울-부산 간을 5시간

45분 만에 달렸지. 고속철도가 등장한 것은 2004년 4월이야. 초기에 하루 이용객만 7만 9,000명이었고 2007년 4월에 누적 승객 1억 명을 돌파했대.

우리나라에 지하철과 수도권 전철이 처음 개통된 때는 1974년 8월 15일이야. 서울역과 청량리를 잇는 지하철 종로선과 수도권 전철인 경부선(서울역-수원), 경인선(구로역-인천), 경원선(용산역-청량리-성북역)이 개통됐지. 현재 서울의 경우 지하철은 9호선까지 건설됐어. 지하철과 전철이 개통된 첫해는 5개월 동안 2,400만 명이 이용했대. 요금은 지하철 30원, 전철은 구간에 따라 30원에서 120원까지 받았어. 지하철 이용자는 점점 늘어나 오늘날엔 매일 400만 명 이상이 지하철을 이용한대.

1950년대에는 전차가 주요 교통수단이었어. 그런데 전차는 도시인의 생활 리듬을 따라오지 못했지. 대중들은 느린 전차 대신 빠른 버스를 이용했거든. 마침내 1968년 11월에 전차 운행이 중단됐지. 그 뒤 버스가 대중교통 이용의 88%를 담당했어. 1970년대에도 버스는 대중들의 주요한 교통수단이었어. 콩나물 시루를 연상케 할 정도로 만원버스에 매달려 '오라이'를 외치던 버스 안내양에 대한 기억은 이때 버스를 이용한 사람이라면 누구나 갖고 있어. 그러다가 2001년에는 51.6%로 줄어들었지.

또 고속버스와 시외버스를 이용하는 사람들도 계속 줄고 있어. 이는 고속철도와 지하철 때문이기도 하지만 자가용 승용차 보급이 늘었기 때문이야. 1970년에 모든 차종을 대상으로 자동차 한 대당 인구는

251.3명이었어. 1991년에는 10.2명이 되었다가 2006년에는 3.0명이야. 곧 세 사람에 한 대꼴로 가지고 있는 셈이지. 자가용 승용차의 보급은 기존의 대중교통 이용을 크게 감소시켰어.

기차, 버스, 전철, 지하철 따위의 대중교통은 사람들의 시간관념도 변화시켰어. '점심 먹을 즈음'이라고 막연하게 정했던 약속 시간이 이제 '몇 시 몇 분'으로 정확한 시간을 맞추게 됐지. 대중교통의 발달로 주거 지역은 도심에서 교외로 확장됐고, 여행이 생활의 한 부분으로 자리 잡았단다.

47

시발·새나라·포니자동차

1945년 해방 때 국내 자동차 보유 대수는 총 7,326대였어. 버스가 1,156대, 승용차가 1,311대, 화물차가 3,639대, 기타 1,220대였지. 1955년 10월에 열린 산업박람회에서 첫 국산 자동차가 모습을 보였단다. 이 차가 바로 국제차량제작주식회사가 만든 '시발자동차'야. 미군으로부터 불하받은 지프차를 개조하여 만든 지프형 승용차로, 국산화율이 56%나 되어 긍지가 대단했지. 모양은 투박했지만 인기는 아주 좋았어. 시발차 한 대를 갖고 있으면 그 운행 수입으로 중류층 이상의 생활을 할 수 있었지. 상류층 여성들 사이에선 '시발계'라는 게 성행하여 곗돈을 모아 시발차를 구입한 후 구매가에 돈을 더 얹어서 되파는 사태까지 벌어졌어. 시발자동차 한 대를 만드는 데 4개월이 걸렸으니 수요를 따라가지 못해 생긴 일이었지.

1950년대 말 시발자동차는 한 달에 1,000대를 생산할 수 있는 시설을 갖춘 공장을 세우고 정부의 승인을 기다리고 있었어. 그러나 1961

▲ 시발지프승용차 생산 기념 경품 추첨 대회

년 5 · 16 군사쿠데타로 계획이 좌절되고 말았어. 제1차 경제개발 5개
년 계획이 실시되면서 새나라자동차가 소형 자동차 공급자로 선정됐
기 때문이지. 그런데 새나라자동차는 국산화율이 5% 정도였어. 말하
자면 거의 완성된 자동차를 수입해 조립한 거지. 새나라자동차가 1962
년 9월부터 관광택시라는 이름으로 운행을 시작하자 철판을 두드려
만들었던 시발택시로는 새나라자동차의 관광택시를 당할 길이 없었
대. 게다가 새나라차는 첫 출고 가격이 시발차보다 쌌고, 자동차세와
취득세 특혜까지 받았어. 시발차도 가격을 내려 대응했지만 힘에 겨웠
어. 결국 1963년에 시발차는 생산이 완전히 중단됐지.

새나라자동차는 자동차공업보호법의 특혜를 입었어. 자동차공업보
호법의 '자동차 제조 및 조립에 필요한 시설 및 원자재는 국내에서 생
산될 때까지 관세를 면제한다'는 조항에 따라 관세를 면제 받았지. 그

런데 원자재에 대한 관세 면제는 국내 부품 산업의 발전을 가로막는 정책이었어. 새나라자동차는 1962년에 1,710대, 이듬해에 1,063대를 조립하여 모두 2,773대를 판매했어. 면세로 들여와 2배로 판매했으므로 수입 가격이 한 대에 12만~13만 원이라면 24만~26만 원으로 팔아 약 2억 4,000만 원(2,000대로 계산할 때) 이상의 이익을 챙긴 거지. 이 돈은 민주공화당 창당 자금으로 사용됐어. 이 일은 5·16 군사쿠데타 이후 군사정부가 중앙정보부를 동원해 민주공화당 창당에 드는 돈을 마련하기 위해 벌인 '새나라자동차 사건'으로 불려. 새나라자동차는 1963년 말 자동차 부품을 수입할 외화도 없는 데다가 들끓는 비판 여론으로 문을 닫게 됐단다.

이후 현대자동차가 1967년 12월에 설립되어 이듬해 미국 포드자동차와 기술 제휴 및 조립 계약을 체결하고 자동차 생산에 들어갔어. 그리고 1974년 국제 자동차 박람회에 현대의 고유 모델인 포니를 출품한 뒤 1975년 12월 31일부터 생산에 들어갔지. 이로써 우리나라는 세계에서 16번째, 아시아에서는 일본 다음으로 자동차 고유 모델을 갖는 나라가 됐어.

가격이 228만 9,000원이었던 포니는 판매 첫해에 1만 726대가 팔려 국내 승용차 시장 점유율 43.6%를 차지하면서 단번에 최고 인기 차로 떠올랐어. "보고 싶어요 포니 포니, 갖고 싶어요 포니 포니"라는 CM송은 포니를 널리 알리면서 서민들의 욕망을 대변했지. 포니는 한국인의 취향과 체격 그리고 도로 사정에 맞는 경제형 차인 데다가 내구성이 좋아 국민들의 인기를 끌면서 마이카 시대를 열어준 차야.

48

다리풍과 휴대전화

우리나라의 첫 전화는 1896년 덕수궁에 설치됐어. 전화는 영문 '텔레폰'을 소리대로 한자로 옮긴 '다리풍', '덕률풍'이라고 불렀대. 처음엔 가입자가 전화기를 들면 회선에 전류가 흘러 교환대에 설치된 램프를 점등시켜 교환원을 호출하는 방식으로 통화가 이루어졌어. 그다음 과정은 중간에 교환원을 거치지 않는 자동식이었지. 1971년에 교환원의 중개 없이 가입자가 직접 다이얼을 돌려 전화를 걸 수 있는 장거리 자동전화가 처음 개통됐어. 1987년에 전화기 보급 대수가 1,000만 대를 돌파하며 '1가구 전화 시대'를 열게 됐지.

휴대전화가 널리 보급되기 전인 1990년대 중반까지만 해도 공중전화는 생활에서 꼭 필요한 소통 도구였어. 첫 공중전화기는 자석식 방식으로 핸들을 돌려 교환원을 부른 뒤 교환원에게 동전이 떨어지는 소리를 들려준 뒤 원하는 상대방과 통화를 하는 방식이었지. 오랫동안 전화는 가정이나 직장, 음식점, 공중전화 등 전화선이 연결된 장소에서만

걸거나 받을 수 있었어.

우리나라에서 처음으로 보급된 이동통신 기기는 일명 '삐삐'로 불린 무선호출기야. 무선호출기를 통한 이동통신 서비스는 소형 무선호출기에 연락하기를 원하는 사람의 전화번호를 호출하는 방식으로 1982년 12월에 시작됐지. 1997년에는 가입자가 1,500만 명을 넘을 정도로 온 국민의 필수품으로 자리를 잡았으나 휴대전화의 보급으로 현재는 거의 사라졌어.

무선호출기는 전화번호 호출, 음성 녹음 이외에도 지금의 문자메시지 기능을 일부 수행했어. 무선호출기를 사용하던 시절에는 호출을 원

▲ 1970~1980년대 전화기

하는 전화번호만이 화면에 표시됐대. 젊은이들 사이에는 '8282'(빨리빨리), '1010245'(열렬히 사모한다), '1004'(천사) 따위의 번호로 자신의 감정을 표현했다는구나.

2006년 11월 24일을 기점으로 휴대전화 가입자 수가 4,000만 명을 넘어섰어. 이 수치는 우리 사회의 휴대전화 사용 정도가 얼마나 높은지를 잘 나타내주고 있어. 영·유아와 아주 나이 많은 노인을 제외하면 사실상 한 사람마다 한 대 이상 휴대전화를 갖고 있다는 얘기지.

첫 휴대전화는 1984년에 한국통신의 자회사였던 한국이동통신(현재 SK텔레콤)이 선보인 차량을 이용한 이동전화였어. 1세대 이동통신 서비스인 음성 통화만 가능한 아날로그식 이동전화야. 차량에 장착된 이동전화, 소위 카폰 서비스는 단말기 가격을 포함해 400만 원 이상이었대. 그때 현대 포니엑셀 자동차 한 대가 500만 원 정도인 것을 감안하면 아무나 살 수 없는 엄청난 가격이었지.

1988년 서울 올림픽을 앞두고 한국이동통신이 휴대용 이동전화 서비스를 실시하면서 이동전화의 대중화가 시작됐어. 1988년 7월 수도권과 부산 지역에서 개시된 이동전화 서비스의 기본료는 월 27,000원, 통화료는 10초당 25원, 설치비는 65만 원이었어.

이어 등장한 2세대 이동통신은 우리나라가 세계 최초로 상용에 성공한 코드분할 다중접속(CDMA) 방식의 이동통신이야. 이는 아날로그와 다른 디지털 방식의 이동통신 서비스로 음성 통화, 문자메시지, 무선 인터넷 따위의 데이터 전송이 가능했지.

3세대 이동통신은 기존의 음성, 문자 중심의 서비스에서 영상 및 멀

티미디어 서비스가 가능했어. 2세대 서비스에 비해 데이터 전송 속도가 빠른 것이 특징이고, 동영상 서비스가 화제였지.

2012년부터 시작된 4세대 이동통신은 3.5세대 대비 최대 40배 빠른 전송 속도로 더 다양한 서비스가 가능해졌어. 이제 어디서든 이용이 가능한 정보 통신이 모든 활동의 기반이 되는 사회로 나아가고 있어. 4세대 이동통신은 이러한 속도를 가속화시키고 실현시키는 기반이 되고 있지.

지금까지의 전화가 구리선을 이용한 유선전화였다면 앞으로의 전화는 초고속 인터넷망을 이용한 인터넷 전화가 대세를 이룰 전망이야. 인터넷망을 통해 음성을 전달하는 방식의 인터넷 전화는 기존 유선전화에 비해 통신 요금이 엄청나게 싸. 광대역 통신망을 이용하기 때문에 인터넷 팩스, 단문 전송 서비스, 생활정보 제공 따위의 다양한 부가 서비스가 가능하다는 이점도 있지.

8장

슬로건과 심성

49

서울자유특별시

해방 공간에서 사람들의 바람 가운데 하나는 자유였어. 그 자유가 얼마나 간절했으면 일제강점기의 '경기도 경성부'를 1946년에 '서울자유특별시'로 바꿨을까. 1946년 미 군정청 여론국이 8,476명을 대상으로 실시한 여론조사 결과는 그때 사람들의 성향을 잘 드러내고 있어.

당신이 행복해지기 위해서는 '안정된 생활을 누릴 수 있는 기회를 갖는 것'
과 '정치적 자유' 가운데 어느 것을 택하겠는가?
안정된 생활의 기회(40%)
정치적 자유(57%)

전체의 57%가 '정치적 자유'를 선택했어. 이들이 '안정된 생활을 누릴 수 있는 기회'보다 '정치적 자유'를 선택한 것은 해방 공간이 살 만해서였을까? 그때 서울 생활이 어떠했는지 알아보자.

1945년부터 1948년까지 3년여 동안 소매 물가는 무려 11배 가까이 올랐어. 식료품은 9.8배, 의료품은 14.4배, 연료는 12배, 기타 공산품은 16.2배나 올랐지. 주요 생필품 소매 가격의 변동 상황은 아래와 같아.

〈표 22〉 **서울 생필품 소매 가격**(단위 : 원)

생필품	1945년(8~12월)	1946년	1947년	1948년
쌀(1등품, 1말)	124	695	1,203	1,840
쇠고기 1근(600g)	19	71	188	307
돼지고기 1근(600g)	26	75	188	285
달걀 10개	21	50	138	248
아동 운동화 1켤레	48	114	331	376

통계청, 「통계로 본 광복 전후의 경제 · 사회상」, 1993, 68쪽.

1등품 쌀 1말 가격은 3년 동안 13배, 쇠고기 1근 가격은 16배, 달걀 1꾸러미(10개) 가격은 12배, 아동 운동화 1켤레 가격은 8배 가까이 올랐네. 생필품 가격이 3년 동안 10배 이상 뛰었으니 살림살이가 어려웠겠지. 또한 조국을 떠났던 사람들이 만주에서, 일본에서 물밀듯이 돌아왔어. 게다가 일본이 물러나고 기술자들이 부족한 상태에서 미 군정이 임명한 관리인들이 공장의 원료나 기계 따위를 빼돌리면서 공업 생산이 줄어들었지. 공업 생산의 감소는 일자리를 줄어들게 했어.

그런데도 해방 공간 상당수의 사람들은 '정치적 자유'를 선택했어.

자유에 대한 열망은 정치 활동의 참가로도 나타났지. 해방 뒤 가장 먼저 모습을 드러낸 조직이 조선건국준비위원회(건준)야. 건준은 경찰 역할을 맡을 치안대를 조직해서 해방 뒤 어수선한 상황을 정리해 나갔어. 전국 곳곳에 건준 지부가 만들어졌고, 한 달도 못 되어 145개 지부가 생겼지. 건준은 지방 자치기관의 역할을 했어. 건준 지부가 재빨리 각 지방에 생겼던 것은 바로 '정치적 자유'를 원하던 사람들의 심성이 그대로 드러난 거라 말할 수 있겠지.

풍요로움을 자랑하는 오늘날 해방 공간에서 미 군정청이 실시했던 그 여론조사를 다시 한다면 어떤 결과가 나올지 궁금하네. 그때와 같을까?

50

나는 민족을 위해 친일하였소

해방 공간에서 '뜨거운 감자' 가운데 하나는 친일파 처리였어. 그런데도 미 군정기에 친일파 처리 문제는 뒤로 미뤄졌지. 더구나 이승만 대통령은 "아직은 참고 포용하여 있다가 후일 정권을 찾은 후에 정당히 판결하는 것이 옳을 것"이라며 정부 수립 뒤로 미루자고 했어.

마침내 대한민국 정부가 들어서자 국회에서 반민족행위처벌법(반민법)을 제정했어. 반민법의 근거는 제헌헌법 제101조 "1945년 8월 15일 이전의 악질적인 반민족 행위를 처벌하는 특별법을 제정할 수 있다"에 두고 있었지. 국회는 반민법을 정부에 제출했어. 정부는 "이 일로 말미암아 민심이 정부에서 이탈할 것이 예상"된다는 이유로 처음엔 거부했지만 결국 9월 22일에 공포했지. 반민법이 공포되자 반민족행위특별조사위원회(반민특위)가 만들어졌고, 반민특위는 특별경비대(특경대)를 만들어 친일파들을 체포했지.

법정에 선 친일파 가운데에는 친일 행위를 사죄한 사람도 있었지만 변명을 늘어놓는 사람이 대부분이었어. 독립선언서를 쓴 최남선은 "법의 처벌 앞에 모든 것을 맡기고, 채찍을 달게 받겠다. 국민의 용서를 바랄 뿐이다"라고 사죄했어. 반면 이광수는 "나는 민족을 위해 친일하였소"라고 자신을 변명했지. 변명은커녕 오히려 반민법을 반대한다고 억지를 부린 친일파도 있었어. 숱한 독립군을 죽음으로 내몰았던 이종형은 법정에서 "대한민국에서는 반공주의자를 처단할 수 없다. 재판을 못 받겠다"고 큰소리쳤대.

활발한 활동을 하던 반민특위는 일제강점기부터 악명 높던 친일 경찰 노덕술을 체포했어. 그런데 노덕술이 체포되자 이승만 대통령은 오히려 그를 풀어줄 것을 요구했단다.

경찰 기술자 중에 기왕 죄범이 있으나 지금 치안에 필요한 이유를 내가 누누이 설명한 바는 그 사람들의 죄상은 법으로 재판도 할 수 있고 처벌도 할 수 있으나 그 사람들이 뒤에 앉아서라도 기술은 상당히 이용해서 모든 지하공작과 반란 음모들의 사건을 일일이 조사하여 인명을 살해하고 난동을 일으키는 위험한 상태를 미리 막아서 발호되지 못하게 되어야 할 것이다.(공보처, 『대통령 이승만 박사 담화집』, 1953, 15쪽)

급기야 1949년 6월 6일에 경찰은 반민특위 사무실을 습격하고 특별경비대원과 직원들을 잡아갔어. 이승만 대통령은 외국 언론 기자에게 "내가 특별경비대를 해산시키라고 경찰에게 명령한 것이다"라고 말했대. 그뒤 김상덕 특위위원장과 특위위원들이 사퇴하고, 친일 비호 세력이 주축이 된 새로운 특위가 구성이 돼. 결국 반민특위는 활동을 시작한 지 1년도 안 돼 막을 내렸고 친일로 체포된 사람은 대부분 풀려났지. 새로운 특위를 맡은 반민특위 위원장은 "더욱이 삼팔선이 그대로 있고 시국이 혼란하고 인재가 부족한 이때 반민족 행위 처단을 지나치게 하는 것은 도저히 민족과 국가를 위해서 되지 못한다"고 공소시효 종료에 관한 담화문을 발표했어.

　이승만 대통령은 1950년 6월 20일로 되어 있던 반민법의 공소시효를 1949년 8월 31일로 앞당겨 친일 문제를 정리했지. 결국 친일파를 벌하고 역사를 바로잡는 일은 해결되지 않은 과제로 남은 셈이야.

51

이웃집에 오신 손님 간첩인지 살펴보자

예전에는 길거리의 전봇대, 담벼락, 심지어는 집 안에까지 반공 표어가 붙어 있었단다. "의심나면 다시 보고 수상하면 신고하자", "아빠 엄마 누나 동생 다 같이 간첩 신고 150만 원 상금 타자", "간첩과는 대화 없다. 신고하여 뿌리뽑자". 마을마다 수상한 사람이 있으면 경찰에 신고하라고 알렸어. 어떤 사람이 수상한 사람일까? 그때 마을마다 내걸었던 반공 포스터의 내용을 보자.

〈알리는 말씀〉

이러한 사람이 있으면 경찰관서나 출장 중인 경찰관에게 연락·신고합시다.

1. 야간과 아침 일찍 낮모른 사람이 부락을 통행하거나 음식점에서 취식하는 자.

2. 6·25때 행방불명되었다가 갑자기 나타난 사람.

3. 촌가에서 좌우를 살피며 행로에 익숙하지 않다고 인정되는 자.

▲ 이웃 살펴주기 선정 마을 포스터　　▲ 간첩 신고 포스터

4. 좋은 날씨에 옷이나 신발에 뻘이 묻어 있는 사람.

5. 물건을 살 때에 물가에 밝지 못한 자와 적은 물건을 사고 큰돈을 내는 자.

6. 밤 12시 이후 남몰래 라디오를 듣는 사람.

7. 이웃 사람 중 상업 취직 또는 친척 방문을 구실로 오랫동안 미행하는 자.

8. 일본이나 북한, 만주, 중국 등지에 갔던 사람이 나타났을 때.

　심야 방송을 듣는 사람도 많고, 맑은 날씨에 등산하는 사람도 많은 오늘날 이 조항에 적용되는 사람이 많겠지. 표어나 포스터를 붙이는 일에 그치지 않고 이웃을 감시하는 제도도 있었단다. 반상회가 이웃에 수상한 사람이 왔는지를 살피는 데에 이용됐어. 반상회는 일제강점기 일본이 통치 및 전시 동원에 활용하기 위해 만든 '애국반'에서 유래한 거야. 해방 뒤에도 '국민반', '재건반'으로 명칭이 바뀌면서 주민들의 움직임을 감시했지. 1976년 5월 31일 내무부는 매월 말일을 정기 '반상회의 날'로 정했어. 반상회는 이웃과의 친교를 바탕으로 이루어지는 소규모 공동체인 '반' 단위 조직을 기반으로 했지만 언제나 주민 감시를 전제로 하고 있었어. 실제 반상회에서 이러한 신고나 고발이 많았대.

향토예비군은 1968년 4월 1일에 창설됐어. 향토예비군은 군을 제대한 사람들을 재교육시키는 제도야. "일하면서 싸우고, 싸우면서 일하자"라는 구호는 제대했지만 군인임을 상기시켰지. 박정희 대통령은 대전 공설운동장에서 열린 향토예비군 창설식에서 이렇게 연설했어.

> 예비군의 이상적인 모습은 논밭이나 직장에서 자기 일에 충실하고 훈련에 힘쓰다가 일단 공비가 나타나면 즉각 출동하여, 그 마을 그 직장에서 공비와 싸우는 전사가 되는 것입니다. 또한 모든 주민도 산에서 들에서 길에서 바다에서 가정에서 일터에서 수상한 자가 나타나면 즉각 신고하여 '눈'이 되고 '귀'가 되는 것입니다.(《조선일보》, 1968년 4월 1일)

민방위대는 1975년 9월 10일에 만들어졌어. 민방위 제도는 예비군을 마친 사람들과 군에 가지 않은 사람들을 대상으로 만 50세까지 실시됐단다. 예비군과 민방위 훈련으로 국민들을 일상생활 속에서 언제나 북한과의 대결과 위협을 느끼도록 했지.

사람들은 정부 정책을 비판하는 사람을 '사상이 이상한 사람' 또는

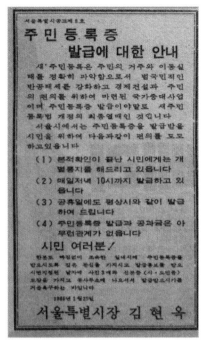

서울시장이 "주민의
거주와 이동 실태를 정확히
파악함으로써 범국민적인
반공 태세를 강화"할 수
있다며 주민등록증을
발급받으라고 강조했네.

▲ 주민등록증 발급 안내문

간첩이라고 신고했어. 이러한 제도는 이웃은 물론 가족조차 항상 의심
하게 하는 관성을 갖게 했고 이성적인 판단과 공개 토론을 불가능하게
했지.

국민의 생활을 감시하는 최종판은 바로 주민등록증의 발급이란다.
대한민국에서는 주민등록증이 없으면 어떤 일도 할 수 없잖아. 1968년
11월 21일에 18세 이상의 모든 국민에게 발급됐어. 주민등록증 발급
제1호는 박정희 대통령이었대.

52

새벽종이 울렸네!
잘살아 보세!

1970년 4월에 박정희 대통령은 전국 지방장관 회의에서 "우리 스스로가 우리 마을은 우리 손으로 가꾸어나간다는 자조·자립 정신을 불러일으켜 땀 흘려 일한다면 모든 마을이 멀지 않아 잘살고 아담한 마을로 그 모습이 바꾸어지리라고 확신한다"는 말을 했어. 이때 '새마을운동'을 제안했지. 이듬해 '근면·자조·협동'을 표어로 내건 새마을운동이 시작됐단다.

새마을운동이 농촌의 모습을 바꾸었던 것은 사실이야. 정부는 시멘트와 철근 따위를 보조하며 농민의 노동력을 동원하여 마을길 넓히기, 작은 하천 가꾸기, 지붕 개량, 공동 우물 만들기 따위의 사업을 추진했거든. 초가지붕이 페인트로 예쁘게 단장한 슬레이트 지붕으로 바뀌었고, 차츰 전화와 텔레비전이 농가의 안방을 차지하면서 농가 소비도 높아졌지.

새마을운동은 의식을 바꾸는 운동이기도 했어. 새마을운동을 추진한 관료들은 농촌이 못사는 이유를 이렇게 표현했거든.

가난하게 되는 근본적인 이유는 부지런하지 못하고 게으르다는 데 있다.
사람이 게으르면 자기 개발을 소홀히 하게 되고 나아가서는 다른 사람과의
능력 경쟁에서 뒤떨어지게 된다.(내무부,『새마을운동』, 1987, 9쪽)

농민들이 '찢어지게' 가난한 까닭을 게으름 때문이라고 말했네. 따라서 새마을운동은 '빈곤'과 '나태한' 생활에 대한 도전으로 정의됐지. 그러나 농민들은 이른 새벽부터 땅거미가 질 때까지 논밭에 나가 등허리가 휘도록 일했어. 보릿고개를 넘기고, 주렁주렁 달린 자식들을 먹이고 교육시키려면 누구도 게으를 수 없었거든. 농민들의 천성이 나태해서 가난을 벗어나지 못했던 것은 아니야.

농촌 빈곤의 원인은 오히려 농업과 농민들의 희생을 기반으로 한 공업 중심의 성장 제일주의에 있었지. 그런데도 농민들의 나태한 생활 태도와 정신 자세만을 강조했어. 새마을운동을 통해 박정희 정권은 농촌의 낙후와 빈곤의 책임을 농민들에게 돌렸던 거야.

새마을운동은 도시에선 공장 새마을 운동으로 전개됐어. "종업원을 가족처럼, 공장 일을 내 일처럼"이라는 구호에서 알 수 있듯이, 공장 새마을 운동은 회사란 가족과 같은 공동운명체라고 강조했어. 이 운동은 '직장의 제2 가정화 운동', '종업원의 복지 향상' 따위를 내세우며 노동자들에게 노사협조주의를 강요했단다. 또 '에너지 절감, 물자 절약, 원가 절감, 생산성 향상'을 표어로 삼아 노동생산성 향상만을 강요했지.

▲ 마을길 넓히기

▲ 새마을운동 홍보용 전단

　박정희 대통령은 1975년에 전국 새마을 지도자 대회에서 모든 도전
과 시련은 새마을운동과 유신 체제 아래에서 국민의 단결로 극복할 수
있다고 말했어. 농민들에게는 게으름 피우지 말고 더 열심히 일할 것
을, 노동자에게는 아버지와 같은 사용자와 잘 협조해서 일할 것을 강조
했지. "유신으로 닦은 터전 새마을로 다져가자", "유신으로 다진 총화,
새마을로 꽃피우자"라는 새마을운동의 구호는 유신 체제를 정당화했
던 거야.

53

____ 호헌 철폐! 독재 타도!

____ 국민이 직접 투표하여 대통령을 뽑고 정부를 세워야 한다는 국민들의 바람은 1986년 전국으로 퍼져나갔어. 그러려면 헌법을 바꾸어야 하거든. 개헌 요구는 국민과 민주화 운동 세력, 야당을 한 묶음으로 만들었어. 민주화 운동에 대한 전두환 정권의 탄압이 거세질수록 민주화에 대한 국민의 바람은 커져만 갔지. 1987년 1월 14일 자행된 '박종철 고문치사 사건'은 전두환 정권에 대한 분노를 폭발시켰단다. '박종철군 추모 대회'와 '고문 추방 민주화 대행진'에 참여한 수십만 명의 국민들은 '직선제 개헌'과 '정권 타도'를 외쳤어.

1987년 5월 천주교정의구현사제단은 박종철 고문치사 사건을 조사한 검찰의 발표가 조작됐다고 발표했어. 전두환 정권의 말은 어느 것 하나 믿을 게 없다는 사실을 증명한 사제단의 발표는 6월 민주항쟁의 도화선이 됐지. '호헌반대 민주헌법쟁취 국민운동본부(국본)'가 만들어졌고, 국본은 대규모 국민대회를 열기로 결정했어.

드디어 6월 10일 정오. 잠실체육관에서 전두환 대통령이 민정당 대통령 후보로 선출된 노태우의 손을 잡고 번쩍 치켜들었어.

똑같은 시각. 덕수궁 옆 성공회 대성당의 종루에서는 42번의 종이 울렸어. 해방 42년, 민주주의의 새날을 열자는 희망을 담은 종소리였지. 서울 곳곳에서 시위가 시작됐어. 오후 6시가 되자 성공회 대성당 안의 참가자들은 예정대로 식순에 따라 국민대회를 진행했어. 이때를 전후해 퇴근한 사무직 노동자들이 거리로 쏟아져 나왔어. 회사원을 상징하는 넥타이를 맨 이들을 사람들은 '넥타이 부대'라고 불렀어. 차량들은 경적을 울렸어. "호헌 철폐! 독재 타도!"를 외치는 학생들을 따라 구호를 외치는 사람들이 늘어났지. 가게 주인들은 전경에 쫓기는 시위자를 숨겨주고 셔터를 내린 뒤 음료수를 제공하며 격려했어. 지방의 경우도 다르지 않았단다. 부산, 대구, 광주에서도 시위가 벌어졌지.

6월 민주항쟁은 18일에 최루탄 추방 대회, 26일에 국민평화대행진으로 이어지면서 수백만의 국민들이 참가했지. 6월 항쟁은 전국 곳곳에서 일어났어. 마침내 전두환 정권은 대통령 직선제 개헌을 받아들이겠다는 '6·29선언'을 발표해 국민 앞에 무릎을 꿇었어.

대통령 직선제는 "모든 권력은 국민으로부터 나온다"는 민주주의의 기본 원칙을 되살렸지. 그리고 그것은 끝이 아니라 새로운 시작이었어. 시작은 7~8월 노동자들의 권리를 주장하는 '노동자 대투쟁'으로 번져갔단다.

54

허리띠를 졸라매자

정부가 앞장서서 세계화를 부르짖던 1997년은 한보그룹 부도 소식으로 시작됐어. 뒤이어 삼미그룹, 진로그룹, 기아자동차 등이 망하면서 우리나라에 위기가 찾아왔어. 그동안 우리나라에 투자했던 외국 기업이 한국 경제에 대한 불안감으로 철수하거나 돈을 회수했고, 그 영향으로 환율이 치솟고 주가가 폭락했기 때문이지. 그러자 김영삼 정권은 1997년 11월 21일 '국가 부도'를 인정하고 국제통화기금(IMF)에 200억 달러를 빌리기로 했다고 발표했어. 대신 IMF의 요구대로 경제정책을 펴겠다는 각서를 제출했지. 'IMF사태'라 일컫는 경제위기가 시작된 거야.

1,000포인트 안팎이던 주가는 반 토막 밑으로 떨어지고 1달러에 800~900원 하던 환율은 1,500원 안팎으로 치솟았어. 그때까지 외국 금융기관으로부터 돈을 빌려 사업을 확장했던 기업들은 늘어나는 이자를 갚느라 허덕였지. 게다가 외국에서 사 와야만 하는 원유, 철광석,

밀 같은 원자재의 가격이 비싸진 셈이니 당연히 생필품 가격도 올랐단다. 기업은 기업대로, 소비자는 소비자대로 코앞에 닥친 위기에 우왕좌왕할 수밖에 없었지.

경제위기의 한파는 매서웠어. 1998년 한 해 동안 다섯 개 시중 은행을 비롯한 6만 8,000개의 회사가 사라지고 100만 명 넘는 사람들이 일자리를 잃은 채 실업자가 됐지. 또 살아남은 회사들도 불어나는 이자를 갚느라 회사를 쪼개 외국 기업에 팔아야만 했단다. 경제정책도 크게 바뀌어 비정규직 양산의 실마리가 된 정리해고제, 파견근로제가 이때 도입되고 외국 자본이 우리나라 은행을 소유하고 경영하는 게 가능해졌지. 이런 정책들은 모두 그동안 외국의 기업과 금융기관이 요구해 온 것들이었어.

〈표 23〉 **1997년 전후 우리나라의 실업자 수 추이**(단위 : 천 명)

구분	1995년	1996년	1997년	1998년	1999년	2000년
실업자 수	419	425	556	1,461	1,365	889

노동부, 「노동통계연감」, 해당 연도.

사람들은 어안이 벙벙했지. 그동안 열심히 일하고 저축했는데 하루아침에 나라 경제가 망하다니! 하지만 경제위기는 이미 오래전부터 시작됐던 거야.

1970년대 두 차례의 오일쇼크를 겪은 뒤 1980년대에 들어서면서 나라와 나라 사이의 경제 관계에 변화가 일기 시작했어. 그때까지 대부분의 나라들은 수입은 제한하면서 수출은 장려하는 정책을 펴고 있었지. 또 금융, 서비스 부문의 시장은 아예 꼭꼭 걸어 잠근 채 외국 자본의 접근을 허락하지 않았어. 그런데 엄청나게 커진 미국과 일본, 유럽의 기업과 자본들은 이런 체제에 불만을 가졌단다. 이들 초국적 기업들은 자기 나라 정부를 앞세워 다른 나라 수입품에 매기는 관세를 없애거나 내리고 금융과 서비스 시장을 개방하라고 압력을 가했지. 이렇게 다국적 기업들이 지리적 국경을 넘어 어느 나라든지 자유롭게 넘나들며 공장을 세우고 돈을 투자하고 필요한 사람을 고용할 수 있는 자유무역, 시장 중심 경제체제를 '신자유주의 체제'라고 해. 1986년 우루과이라운드(UR)를 시작으로 본격화되어 1995년에는 세계무역기구(WTO)가 만들어졌고, 나라와 나라 사이에는 자유무역협정(FTA)이 체결됐어.

얼핏 보기에 신자유주의 체제는 당연한 세계경제의 흐름처럼 보이고 많은 경제학자들이 그렇게 주장해 왔어. 그렇지만 이를 추진하려면 많은 준비가 필요해. 우리나라 기업들은 오랫동안 기술력이나 가격 경쟁력을 키우지 않고 정치인이나 공무원에게 뇌물을 주고 특혜를 받으며 시장을 독점한 채 경영해 왔어. 그런데 무작정 시장을 개방한다면 외국 기업에게 시장을 뺏길 것은 뻔한 노릇이잖아. 또 수십 개의 기업이 서로 뒤엉켜 있는 재벌 구조에서는 그 가운데 한 기업만 도산해도 그룹 전체가 망할 수밖에 없지. 더군다나 지금도 그렇지만 1990년대 우리나라 금융이나 농업 분야는 외국과 아예 경쟁 상대가 안 되는 상황이었단다.

이런데도 정부는 수출이 늘면 경제가 좋아진다며 '국민소득 2만 불시대' 같은 장밋빛 전망만 되뇌었어. 또 신자유주의를 '세계화' 같은 듣기 좋은 말로 포장한 채 영어를 열심히 배우고 해외여행을 자주 해 서구인과 같은 생활양식과 사고방식을 갖는 게 세계의 흐름인 양 말해댔지. 이렇게 아무런 대책 없이 시장이 개방되었고 기업들은 은행과 외국에서 돈을 빌려 부동산에 투자하고 이 사업, 저 사업에 뛰어들었어. 그러다 무리하게 사업을 확장했던 몇몇 재벌이 망하게 되었고, 불안해진 외국 자본이 투자한 돈을 회수하려 들자 온 나라가 거덜나버린 거야. 그러니까 IMF사태는 눈먼 정부와 문어발식으로 경영한 재벌 그리고 우리나라가 어찌 되든 아랑곳하지 않는 외국 자본이 만들어낸 합작품인 셈이지.

IMF사태 뒤 집권한 김대중 정권은 경제위기를 벗어나기 위해 기업에 대한 구조조정을 시작했어. 장사가 잘되거나 앞으로 잘될 것 같은 사업만 남기고 그렇지 못한 사업은 능력 있는 다른 기업이나 외국 기업에 팔도록 했지. 또 업종이 비슷한 기업이나 은행을 서로 합쳐 덩치를 키웠어. 국민들도 이에 호응해 '금 모으기 운동'을 벌이고 허리띠를 졸라맨 채 절약해 경제위기를 벗어나려고 했지. 그리고 마침내 1999년 말 김대중 정권은 공식적으로 경제위기에서 벗어났다고 선언했어.

그런데 그로부터 15년여가 지난 지금 우리 사회의 형편은 전혀 나아지지 않은 것 같아. 1,000만 명이 넘는 노동자가 언제 실업자가 될지 모르는 비정규직으로 일하고 있고, 아예 취업을 포기한 사람들도 많아. 그리고 많은 청년들은 '시간제 아르바이트'로 연명하면서 취업 학원을 전전하고 있어. 그런데도 기업들은 여전히 부동산 투기나 해외로 돈을 빼돌리기에 바쁜데 정부는 '시장 친화'니 '비즈니스 프렌들리 (business friendly)'니 하는 말로 이를 뒷받침하기에 혈안이 되어 있잖아. 결국 경제위기를 벗어나기 위해 국민들은 허리띠를 졸라맸는데 정작 정부는 과거의 잘못을 반성하고 새로운 경제 질서를 만들어내는 데 실패한 결과지.

55

여러분 부자 되세요

1997년 IMF사태 이후 경제위기를 극복하기 위해 기업 구조조정에 나섰던 정부는 기업이 어려워지면 언제든지 노동자를 해고할 수 있도록 했어. 이에 따라 여러 기업에서 구조조정을 하면서 노동자를 해고하는 일이 많아졌지. 비정규직 노동자라고 부르는 새로운 형태의 노동 방식도 나타났어. 비정규직 노동자는 노동법에 보장된 노동 3권(단결권, 단체교섭권, 단체행동권)의 보호를 받지 못할뿐더러 기업주가 언제든지 해고할 수 있거든. 비정규직 노동자의 비율은 한국노동사회연구소 발표에 따르면 2014년 3월 현재 전체 임금노동자의 44.7%에 이르렀어. 정규직 노동자와 비슷한 일을 하지만 임금, 노동조건, 국민연금·건강보험 따위의 사회보험 적용에도 차별을 받고 있지.

비정규직 노동자들은 이미 실업자이거나 혹은 곧 실업자가 될 운명에 처해 있어. 이들의 숫자가 급속히 늘어나면서 사회는 늘 불안한 상태로 되어갔어. 생활의 불안은 언제 추락할지 모르는 공포를 낳았단다. 불안은 사회 구성원을 보호해주는 사회안전망에 대한 불신에서 비롯된 거야. 우리나라는 'GDP 대비 공공사회복지 지출'의 비중이 9~10% 수준이야. OECD(경제협력개발기구) 국가들 평균인 21%에 한참 못 미쳐. 독일이나 스웨덴 등 선진국은 25~30%나 돼. 한국은 사회안전망의 기반이 형편없어. 비정규직 노동자나 빈곤층일수록 사회보험 가입률은 아주 낮아서 사회적 위험에 처할 가능성이 상당히 높지. 국민들은 국가가 제공하는 최소한의 보호 장치를 제외한 나머지 안전판은 각자 알아서 만들어가라는 압박을 받고 있어. 2000년대 들어 개인 보험 시장의 엄청난 성장은 공포의 부담을 개인이 책임져야 하는 문화가 만들어졌다는 것을 뜻해.

이웃과의 거리감을 유지하면서 개인 생활 확보에는 성공했지만 이웃과 공유할 수 있는 일들은 그만큼 사라졌어. 이제 이웃이 아닌 보안업체가 도둑을 지켜주고 봉변을 당하더라도 이웃을 찾기보다는 119에 전화를 걸어. 개인이 혼자서 감당해야 하는 부담이 그만큼 많아진 거지.

국가는 개인이 알아서 안전장치를 마련하도록 자유롭게 내버려둘 뿐이야. 신자유주의가 확산됨에 따라 생존 그 자체가 삶의 목표가 됐지. 오늘날 많은 사람에게 안정된 직장을 구하고 재산을 최대한 증식하는 일은 숙명이 되었어. 행복을 위해서는 경제적 풍요가 중요하다는 의식이 늘어가는 추세야.

작업장 안에서의 분위기는 업적 쌓기와 치열한 경쟁이 벌어지는 공간으로 변하고 있어. 이런 상황 속에서 신자유주의는 개인에게 불확실

한 미래에 대한 불안을 스스로 해결하라는 구호를 외치고 있지. 시장에서의 도태는 모두 개인의 책임으로 넘어갔어.

　모든 것을 개인이 책임져야 하는 사회가 강화되면서 이른바 '대박'으로 미래를 보장받으려는 분위기가 조성됐지. 우리 주위에는 순식간에 부와 지위를 상승시켜 벼락부자가 된 창업 신화나 성공 신화, 로또나 도박 열풍 따위의 이야기가 퍼져 있어. '어떻게 살까'보다 '어떻게 성공할까'라는 게 삶의 목표가 된 거야. "여러분 부자 되세요"가 듣기 좋은 말이 된 까닭은 여기에 있겠지.

9장

일탈과 경계

56

영어 붐과 신조어의 탄생

1945년 9월 9일 태평양 미육군 총사령부는 포고 제1호를 공포했어. 포고 제1호의 제5조는 "군정 기간 중 영어를 모든 목적에 사용하는 공용어로 한다. 영어와 조선어 또는 일본어 간에 해석 또는 정의가 불명하거나 다른 경우에는 영어를 기본으로 한다"라고 밝혀 미 군정기에 영어가 공식 언어였음을 알 수 있어.

미군이 새로운 권력자로 등장한 해방 공간에서 영어는 강력한 생존 무기였지. 영어를 할 수 있는 사람들은 미 군정청의 통역관으로 들어갔어. 미 군정은 국·공유 재산과 일본인 재산을 적산으로 접수해 군정청 소유로 귀속시켰어. 적산 사업자 관리인은 인맥을 통해서 선정됐는데 통역관들이 적산 사업자 관리인 선정 과정을 좌우했어. 그러니 통역관들은 엄청난 권력을 행사했지. 이런 시대 상황을 두고 '통역정치'라는 말이 유행했어. 너도나도 영어만 잘하면 한밑천 마련할 수 있다는 생각이 퍼졌거든. 초등학교에서는 간단한 인사라도 해야 한다며 영어를 가

르쳤지. 일상생활에서는 '미스터', '오케이', '헬로', '댄스' 따위 같은 말이 유행했어. 노래 제목도 '아리조나 카우보이', '아메리카 차이나타운', '럭키 모닝', '샌프란시스코'처럼 영어를 사용했단다.

해방 공간에서는 현실을 반영하는 다양한 언어들이 유행했어. 기회주의와 폭력으로 사리사욕을 채우는 특정 집단을 가리키는 언어는 '얌생이', '모리배', '브로커', '깡패' 따위가 있어. 이런 행위를 가리켜 '얌생이질', '사바사바', '새치기', '빽', '밀매'라고 말했지.

얌생이는 미군 보급 부대에서 몰래 물건을 빼돌려 세칭 '도떼기시장'에 파는 사람들이야. 트럭을 갖다 대고 몇 톤씩 가로채기도 하고, 배가 부두에 정박할 때 바닷물 속에 한 뭉치 가라앉혔다가 며칠 뒤에 꺼

▲ 모리배를 풍자한 그림

내 시장에 내다 팔 정도로 대담했지. 신문에서는 원자폭탄도 비행기에 실기 전에 얌생이꾼들이 훔쳐갔을 것이므로 태평양전쟁 때 미국이 한국과 싸웠다면 졌을 것이라고 풍자할 정도였어.

모리배는 부당하게 이익을 취하는 집단이야. 생산자와 소비자 사이에서 매점매석하여 막대한 폭리를 누리는 사람들이지. 모리배와 유사한 브로커는 정치 브로커, 선거 브로커, 입학 브로커, 불하 브로커, 증명서 브로커, 밀수 브로커 따위로 종류가 다양했어.

얌생이꾼, 모리배, 브로커가 활개를 치는 세상은 '사바사바'로 통했지. 해방 공간의 혼란기에 "정으로 안 통하는 것이 없었고 돈으로 안 통하는 것이 없었으니 어느덧 이것이 타성적으로 사회의 관습"이 됐다고 말했거든. 1955년 한 언론에서 '사바사바'의 어원을 이렇게 설명했네.

한 손에 뇌물(주로 보증수표)을 든 교활한 간상배가 음흉한 부정관리 귀에 입을 가까이 대고 "×××…" 간사한 눈웃음을 치며 숨죽인 말투로 무어라고 입을 놀리고 있을 때 그 소리를 재래에 쓰던 우리말로 '소곤소곤 속삭이고 있다'고 표현하기에는 '소곤소곤'이란 시적인 수식사를 너무 더럽히는 것 같고 그래서 다시 음미하여 보니 그 소리야말로 '사바사바'하더라고…

해방 직후 일시의 혼란기에 정으로 안 통하는 것이 없었고 돈으로 안 통하는 것이 없었으니 어느덧 이것이 타성적으로 사회의 관습이 되어버려 장사를 하는 데에도 '사바사바', 학교에 들어가는 데에도 '사바사바', 취직하는 데에도 '사바사바', 범죄를 저지르고도 '사바사바', 심지어는 제 돈 내고 제가 기차표 사는 데에도 '사바사바'…

이렇게 마땅히 할 수 있는 일에도 '사바사바'를 해야만 되고 또 못 할 일도 '사바사바'만 하면 안 되는 일이 없게끔 되어 마침내 "이 세상은 안 되는 일이 없고(사바사바하는 경우) 또 되는 일도 없다(사바사바하지 않는 경우)"는 심오한 '인생 철학'까지 나오게 되었으니……(〈동아일보〉, 1955년 8월 17일)

또한 해방 공간은 '가형사', '가헌병', '가기자', '가의사', '가판사', '가사장', '가남편' 따위로 사회 구석구석에 가짜가 판을 치는 세상이라 했지. 가짜 소동 가운데 가장 유명한 것이 '가짜 이강석' 사건이야.

이 사건은 강성병이라는 사람이 이승만 대통령의 양자 이강석과 닮았다는 친구들의 말을 듣고 가짜 행세를 하면서 벌어졌어. 가짜 이강석은 경주, 영천 등지를 돌아다니며 이강석으로 행세했지. 그런데 시장, 군수, 경찰서장들이 서로 경쟁하듯 달려와 굽실거리고 아양을 떨며 뇌물을 바치기에 바빴대. 그러다 이강석의 얼굴을 아는 경북지사가 가짜

라고 밝히자 이 소동은 그쳤지. 이 사건은 가짜 이강석이 1심에서 실형 6개월 형을 받는 것으로 마무리됐어. 1950년대 우리 사회의 한 모습을 보여주는 사건이었지.

57

춤바람, 치맛바람, 계모임

예전에는 댄스홀에 들어가 춤을 추다가 들킨 주부들이 '춤바람 난 여성들'이라고 해서 신문에 가끔 실렸어. 그때에 댄스는 여성들을 타락시킨다며 금지되었거든. 경찰이 아무리 단속을 해도 춤을 추고 싶은 여성들의 마음은 막을 수 없었나 봐. 한 설문 조사에 따르면 여학생들은 남학생들보다 댄스를 나쁘게 보지 않았고 춤을 출 줄 알아야 한다고 생각했거든.

1930년대 일제는 국가비상시라는 명목으로 댄스홀을 정식으로 허락하지 않았어. 1930년대 초반 댄스홀은 금지됐지만 댄스는 모던 걸, 모던 보이들을 중심으로 카페에서 퍼져나갔대. 댄스가 정식으로 인정된 때는 해방 뒤야. 미군들이 파티를 하면서 빠르게 퍼져나갔지. 댄스홀 입장료는 500환 정도로 상당히 비쌌어. 1954년에 쌀 한 말 값이 250환이었거든. 댄스홀에 한 번 출입하려면 쌀 두 말 값을 지불해야 하는데 돈 없는 여성들이 댄스홀에 가기는 어려웠을 거야.

"국가 재건에 총력을 기울여야 할 사람들이 대낮에 춤추는 것은 용서할 수 없는 일"이라며 댄스 금지는 1961년 5 · 16 군사쿠데타 뒤 더 강화됐지. 1975년까지 남성과 함께 오지 않은 여성들은 카바레 출입이 금지됐대. 댄스는 가정주부의 허영심을 일으키고 성을 타락시키는 원인이라고 지적됐어.

▲ 댄스 열풍을 풍자한 신문 만화

> 춤바람이 번지는 파장은 유한마담이나 부잣집의 미혼 여성이 아닌 남편과 자식을 거느린 어엿한 가정주부에게 더한 유혹을 주고 비극의 도를 더한다는 데 사회적인 문제성이 더 있다.(〈제남신문〉, 1972년 2월 24일)

그래서 댄스를 철저히 단속해야 한다는 요구들이 나왔지. 댄스에 대한 통제는 무허가 댄스홀을 폐쇄하고 댄스홀을 출입하는 여성들에 대한 단속으로 이어졌어.

대낮에 비밀 댄스홀 등에서 춤추다 잡혀 즉심에 넘겨진 2백45명에게 12일

하오 3일간의 구류 처분이 내려졌다.(〈경향신문〉, 1972년 7월 13일)

종종 신문 사회면에 비밀 댄스홀이나 카바레에서 춤추다 들킨 여성들의 사진이 대문짝만하게 나왔어. 춤바람으로 가정 파탄이 나거나 자살 또는 배우자 살해로 이어지기도 했지. 그렇지만 춤은 가정이라는 공간과 가정주부라는 역할에서 벗어나 다른 사람과 접촉할 수 있는 장소를 제공했고 여성의 욕망을 실현시키는 매개체였어. 그런 까닭에 춤바람이 멈추지 않았겠지.

극성맞은 어머니들의 어긋난 교육열을 빗대어 하는 말이 '치맛바람'이야. 치맛바람은 춤바람, 계모임과 함께 여성들의 허영과 사치를 상징하는 말로 여성 문제의 화두로 떠오르곤 했지. 사실 치맛바람으로 불린 몇몇 여성들의 행동이 그르다는 것은 맞는 말이야. 그런데 치맛바람은 왜 불었을까?

일제강점기만 해도 여성이 교육을 받고 학교에 다니는 일은 하나의 특권이었지. 여성이 집 밖에 나가 활동하는 일이 드물었거든. 그러다 보니 자식 교육을 위해 학교에 찾아가는 일은 남편 몫이었지.

해방이 되면서 모든 국민은 일정한 교육을 받아야만 한다는 의무교육 제도가 도입돼 가난한 노동자나 농민의 자식도 학교에 가게 됐어. 이때부터 여성도 집 밖에 나가 무슨 일이든지 해야 한다는 생각이 널리 퍼지기 시작했지. 한국전쟁으로 여성들의 사회 활동도 많이 늘었거든. 또한 자녀 교육이 여성의 몫으로 바뀌게 되면서 여성이 학교를 찾는 일이 잦았어.

정부는 모자란 예산을 채우려고 학부모들로부터 돈을 거두었고, 돈을 많이 낸 학부모들은 당연히 학교에서의 발언권이 세졌지. 치맛바람은 실패한 의무교육, 교육을 통한 이기적 출세욕이 어우러져 빚어진 모습이야.

사실 자식 교육은 어머니 혼자만 결정하는 것은 아니잖아. 어머니들의 치맛바람이 문제라면 알면서도 모른 체하는 아버지도 문제가 있는 거지. 여성들의 교육에 대한 열망을 싸잡아 치맛바람으로 문제 삼을 순 없어. '자신보다 좀 더 나은 교육 환경에서 교육받기를 바랐던' 여성들의 열망은 자식들이 더 나은 사회에서 살아갔으면 하는 바람에서 나왔거든.

그럼 계모임은 뭘까?

요즘은 은행에 돈을 맡기잖아. 예전에는 은행보다는 계를 통해 목돈을 마련했단다. 지금도 나이 많은 어른들은 계를 선호하지. 우리가 은행에 저축하는 여러 가지 방식이 있는 것처럼 계도 여러 가지 형태로 돈을 모아. 차이가 있다면 계를 만든 사람들이 중심이 되어 모든 일을 결정하는 거야. 한국 사회에서 계를 하는 사람들은 대개 여성이야.

한국전쟁 뒤 장사 밑천을 마련하고 재산을 모으거나 불리기 위한 목적으로 부녀계가 널리 퍼졌어. 본디 계는 조선시대에 한동네 사람들이나 한집안 사람들이 어울려 함께 제사도 지내고, 서로 돕고 일하기 위한 조직으로 계원 사이의 친목이 계의 바탕을 이루었어. 그러나 이 계

◀ 은행과 계

◀ 은행에 저축하라는 광고

에 여성들은 거의 참여할 수 없었지. 가부장제의 영향으로 여성들끼리 모임을 갖는다거나 집 밖에 나돌아 다니는 일은 힘들었거든. 사실 40~50년 전 시골에 살던 할머니 세대만 해도 할아버지가 장터에 나가 사온 생선으로 찌개를 끓였을 정도로 여성들은 동네 어귀를 벗어나지 못했어.

그러니 동창생들끼리 한 달에 한 번 만나는 친목계나 시장에서 장사를 하며 돈 모으는 재미를 곁들여 갖는 곗날은 여성들에겐 별천지나 다름없었단다. 남편도, 자식도, 시부모도 없는 자신들만의 자리였지.

여성들이 계모임을 만든 가장 큰 이유는 장사 밑천이나 자식들의 학비를 마련하거나 저축을 하기 위해서였어. 계는 은행처럼 돈을 빌릴 때 집을 담보할 필요가 없잖아. 그런데 계원들 가운데 빌린 돈을 갚지 못해 몰래 도망가는 일이 빈번히 생겨 큰 문제가 되곤 했지. 이런 일이 커지면 신문에 나오기도 했어. 그렇지만 많은 여성들은 계를 한 달에 한두 번 모여 함께 식사하면서 서로의 고민을 털어놓거나 세상살이 정보를 얻는 자리로 만들었어. 여성들은 계모임을 통해 조금씩 사회를 알아갔지.

58

기지촌과 '양공주'

1992년 10월 경기도 동두천에서 미군 케네스 마클이 한 여성을 살해하는 끔찍한 일이 일어났단다. 그 여성의 이름은 윤금이였는데, 미군들이 드나드는 클럽에서 일하는 여성이었어.

기지촌은 해방 뒤 한국에 주둔한 미군 부대 근처에 생긴 마을이야. 미군을 위한 옷 가게, 신발 가게, 음식점, 술집 같은 시설이 갖추어져 있지. 사람들은 기지촌에 사는 여성들을 욕하고 따돌리며 사람 취급도 안 했어. 외국인 남성을 상대하는 더러운 여성이라고 생각한 거야. '양공주'라고 비아냥거리기도 했지. 그러다 보니 오랫동안 그녀들의 삶은 사람들의 관심 밖에 있었어. 그런데 윤금이 사건이 기지촌과 그곳에 살고 있는 여성들을 세상에 알린 거야. 윤금이 사건이 알려지기 전 기지촌의 여성들은 어떻게 생활했을까?

1960년 1월 미군들이 여성 두 명의 머리카락을 한 올도 남기지 않고 깎아버린 삭발 사건 기사가 사진과 함께 대문짝만하게 나왔어. 그

6.25 이후부터 「양갈보」는 「양공주」로 되고 「럭키스트라익」은 「아까다 다마」가 되었다.

▲ 기지촌 여성에 대한 풍자 그림

여성들이 허락을 받지 않고 미군 부대에 들어왔다는 이유로 저지른 짓이지. 신문 기사를 본 사람들은 화가 나서 미군들을 벌하라고 요구했어. 그런데 며칠 지나자 미국과 미군을 욕하면 안 된다는 주장이 나오기 시작했단다. 이런 일 때문에 우리나라와 미국의 사이가 나빠져서는 안 된다는 거야. 그러고는 피해 여성들에게 돈 몇 푼 쥐여주고 사건을 마무리했지.

미군들에 둘러싸여 있는 기지촌 여성들의 인권은 언제나 이렇게 다루어졌어. 미군들이 때리거나 물건을 빼앗아도, 심지어는 죽여도 우리나라 정부나 언론은 '미국에 대한 나쁜 인상을 심어줄 수 있다', '한국과 미국 사이의 친선을 해쳐서는 안 된다'며 숨기기에 바빴어. 삭발 사건이나 윤금이 사건같이 언론에 보도되고 사람들이 알게 되는 일은 가뭄에 콩 나듯 드문 경우야.

어떤 때는 기지촌 여성들이 직접 미군 범죄와 맞서 싸우기도 했어. 1967년 11월 5일 동두천에서 스물한 살 된 여성이 동거자인 미군에게 살해되는 사건이 일어났어. 그 미군은 생활비조차 제대로 주지 않으면서 그전부터 자주 폭력을 행사해 주변 여성들에게 잘 알려져 있었대. 기지촌 여성들은 분노했어. 11월 7일 300여 명이 소복을 입고 상여를 멘 채 2,000여 명의 주민들이 보는 가운데 그 미군이 소속해 있는 사단 안에 몰려 들어가 한 시간 동안 연좌데모를 했어. 이 밖에도 1969년 9월 부평에서는 폭력을 행사하는 미군들에 맞서 기지촌 여성 100여 명이, 1972년 8월 평택에서는 기지촌 주민과 여성들이 미군들과 서로 돌을 던지며 싸우기도 했어. 이처럼 기지촌 여성들과 미군 사이의 충돌이 종종 일어나곤 했지.

하지만 기지촌 여성들의 분노는 결코 기지촌의 울타리를 넘지 못했단다. 그녀들이 폭력에 순응해 자신감을 잃어가면서 스스로 기지촌 안으로 몸을 숨겼기 때문이지. 더욱이 사람들은 그런 일이 있어도 잘 알지 못하거나 애써 모른 척했어. '우리와는 아무 상관 없는 일이니까', '미국의 기분을 상하게 하면 안 되니까', '기지촌 여성은 우리와 다른 사람이니까' 그래도 된다고 생각한 거야. 사실 기지촌 여성들을 '우리' 밖으로(경계선 밖으로) 내쫓은 건 우리였던 거야.

59

'혼혈아'와 해외 입양

한국전쟁으로 고아와 버림받은 아이들이 많이 생겨났단다. 전쟁고아 가운데에는 얼굴색이 달라 더욱 천대받는 혼혈아도 있었어. 한국전쟁 뒤 미군의 장기 주둔으로 혼혈아가 사회문제로 떠올랐지. 보건사회부 통계에 따르면 혼혈 아동은 1955년 439명, 1957년 355명, 1958년 701명, 1959년 1,023명, 1960년 1,075명으로 계속 늘었어.

이들은 주로 기지촌 여성이나 미군과 결혼하여 살다가 버림받은 여성의 자녀들이었지. 대한민국 국민인 어머니와 외국 국적을 가진 군인 아버지 사이에서 태어난 혼혈아는 한국의 부계 혈통을 잇지 않는 존재여서 법적으로 대한민국 국적을 취득할 수 없었어. 혼혈아는 한국 사회에서 가장 먼저 법적 국민에서 제외됐지. 양아버지가 생겨서 입적하지 않는다면 혼혈아가 호적을 취득하는 방법은 스스로 일가를 창립하거나 외가에 입적하는 거야. 1959년 치안국 집계에 따르면 혼혈아 1,023명 가운데 국적이 없는 아동이 67.6%였어.

▲ 해외 입양 가는 아이들

혼혈아는 국적을 획득하지 못했고 호적에 등록되기도 쉽지 않았어. 혼혈아에 대한 정부의 기본 입장은 은폐이거나 배제였어. 정부는 국내에서의 격리 수용을 계획했으나 시행되지 못하자 대통령과 정부가 직접 나서서 해외 입양을 적극 권했지. 한국 사회에서 이들을 가장 손쉽게 배제하는 방법이 해외 입양이었거든.

⟨표 24⟩ **혼혈아 수와 해외 입양아 수**(단위 : 명)

구분	1955년	1956년	1957년	1958년	1959년	1960년
혼혈아 수	439	538	355	701	1,023	1,075
해외 입양 혼혈아 수	59	671	486	930	741	638

보건사회부, 「보건사회통계연보」, 1962, 390~393쪽.

미국에서 한국의 혼혈 아동을 입양하는 법적 근거는 '난민구호법'이었어. 이 법은 입양할 부모가 직접 아이를 보지 않고 기관에 권한을 위임하여 입양하는 대리 입양을 인정했고, 만 10세 이하의 아동 입양만 가능했지. 한국은 정부가 혼혈아의 입양에 대한 제도나 법령을 마련하지 않은 상황에서 민간단체가 해외 입양을 주선했어. 한국 고아들을 처음 미국으로 입양시킨 사람은 해리 홀트(Harry Holt)였어. 그는 1955년 10월에 8명의 고아를 입양시키고 '홀트씨해외양자회'를 설립하여 입양 사업을 시작했지. 이것이 오늘날의 '홀트아동복지회'야.

1960년 1월 1일 '고아입양특례법'과 '아동복지법'이 공포됐어. 이 법을 근거로 입양 기관들이 해외 입양 절차를 맡게 됐지.

　모든 혼혈아가 해외로 입양되지는 않았어. 당연하게 이들은 한국에서 자라고 성인이 됐지. 그런데도 여전히 사람들은 그들을 '혼혈아'라고 불러. 한 남성이 "내가 아이냐!" 그러면서 중년이 다 됐는데 아직도 혼혈아라고 부르는 한국 현실에 불만을 토로하는 모습을 영화에서 본 적이 있어. 한국 사회에서 혼혈인은 영원한 아동이었으며 혼혈인보다는 혼혈아라는 호칭이 더 자연스러웠던 거야. 이는 그들을 구성원으로서 받아들이기 전에 해외 입양을 하였기에 '혼혈인은 혼혈아'라는 등식이 성립됐다는구나. 그렇지만 이 용어는 한국 사회의 배타성을 가늠하게 하지.

60

사진 신부와 베트남 신부

우리나라에도 이제는 피부색이 다르고 다른 언어를 쓰는 사람들이 많아졌어. 동남아시아나 중앙아시아 나라의 사람들이 우리나라에 많이 들어왔잖아. 이렇게 국경을 넘어 다른 나라로 일하러 가는 노동자를 '이주 노동자'라고 한단다. 1980년대까지만 해도 우리나라도 다른 나라로 떠나는 이주 노동자가 많았어. 이주 노동자들이 우리나라에 오는 까닭은 가난 때문이야. 이주 노동자 가운데에는 여성도 많단다. 이들은 대부분 가사 도우미, 서비스업 노동자, 공장노동자로 일하지. 그리고 우리나라 남성과 결혼을 하러 온 결혼 이주자들도 많아.

이주 노동자들은 처음에 우리나라에 들어올 때는 법으로 보호받는데 얼마 지나지 않아서 대부분 불법 이주 노동자가 돼. 왜냐하면 처음 들어올 때 일할 곳과 기간을 정해두기 때문이야. 정해진 기간을 넘기거나 일하기로 한 직장을 떠나면 법이 보호해 주지 않는 거지. 불법 이주 노동자는 붙잡히면 우리나라에서 쫓겨난단다.

이주 노동자들은 고향에 있는 가족에게도 돈을 보내줘야 하고 또 우리나라에 올 때 비행기 삯이나 여러 비용을 빚지고 왔기 때문에 당연히 돈을 더 벌어야 해. 그런데 일을 하다가도 불법 이주 노동자가 되면 이런 사정을 이용해서 고용주들이 임금을 안 주거나 때리는 경우도 많대. 법의 보호를 받지 못하기 때문이지. 불법 이주 노동자가 여성인 경우에는 훨씬 심하대.

전에는 우리나라에서도 이들처럼 다른 나라로 일하러 가거나 결혼하러 떠났어. 1910년 11월 28일 최사라라는 여성이 사탕수수 농장에서 일하는 남성과 결혼하기 위해 하와이에 도착했어. 그 뒤 많은 여성들이 결혼하러 하와이로 갔는데 이 여성들을 '사진 신부'라고 했지.

우리나라 남성들이 하와이에 있는 사탕수수 농장으로 일하러 가기 시작한 때는 1902년이었어. 사탕수수 농장 주인들은 적은 임금을 주고 일을 시키려고 우리나라 노동자들을 고용한 거야. 우리나라 노동자들도 나라 안에서는 일자리를 찾을 수 없어서 먹고살려고 하와이로 갔지. 이때 하와이로 간 노동자들은 모두 남성이었는데 하와이에는 결혼할 여성이 없었어. 그래서 사진 한 장을 고향으로 보내 신붓감을 찾은 거지.

사진 신부들은 그 사진 한 장만 보고서 결혼하러 하와이로 건너간 거야. 그런데 사진 속의 남성들은 20대 청년이었지만 막상 하와이에서 기다리고 있는 사람은 40대 나이 많은 남성들이었단다. 그래도 할 수 없었어. 왜냐하면 다시 고향으로 돌아갈 뱃삯도 없었고, 사진 신부들이 하와이로 오는 데 드는 비용을 남편 될 사람들이 내주었거든. 그렇게 결혼한 사진 신부들은 남편과 함께 사탕수수 농장에서 일을 했지. 1924

년까지 하와이로 건너간 사진 신부가 1,000여 명이었대. 그 뒤에도 우리나라 사람들이 미국이나 유럽 또는 일본으로 일하러 갔어.

1963년부터 한국인이 계약 노동자로 다른 나라로 일하러 갔단다. 특히 석유 산출국인 중동 지역으로 많이 갔지. 1960년부터 1976년까지 1만 226명의 한국인 간호사와 광부가 독일로 일하러 떠났어.

그런데 1990년대 들어서면서 한국은 제3세계에서 이주 노동자를 받아들이는 국가로 변했지. 2013년에 등록 외국인은 무려 98만여 명이야. 이들 가운데 남성은 56만여 명이고 여성은 42만여 명이야. 이주 여성들이 한국에 들어오는 이유 가운데 하나는 한국 남성과 결혼하기 위해서야. 2004년 농어업에 종사하는 남성의 전체 결혼 건수는 6,600여 건인데 그 가운데 1,814명이 외국 여성과 결혼했대. 이는 3명 가운데 1명이 외국 여성과 결혼했음을 뜻해. 그렇다면 2013년 말 현재 한국인과 외국인 사이의 결혼은 얼마나 많이 이루어졌는지 확인해 보자.

〈표 25〉 **2013년도 국가별·성별에 따른 한국인과 외국인의 결혼 건수**(단위 : 명, %)

국가	총계	남자		여자		국적별 비율
		인원수	비율	인원수	비율	
중국	62,400	12,075	19.4	50,325	80.6	41.4
베트남	39,854	427	1.1	39,427	98.9	26.4
일본	12,220	1,183	9.7	11,037	90.3	8.1
필리핀	10,383	292	2.8	10,091	97.2	6.9
기타	26,008	8,062	31.0	17,946	69.0	17.2
합계	150,865	22,039	14.6	128,826	85.4	100.0

법무부 출입국·외국인정책본부, 『2013 출입국 외국인 정책 통계연보』, 2014, 598쪽.

〈표 25〉에 따르면 한국 남성과 외국 여성 사이의 결혼이 많다는 점을 알 수 있어. 여성이 12만 8,826명으로 전체의 85.4%를 차지하고 있어. 국적별로 보면 중국이 가장 많고 베트남, 일본, 필리핀 순이야. 그밖에 캄보디아, 타이, 몽골, 우즈베키스탄 따위로 결혼 이주 여성의 국적은 202개국이나 된대.

하와이로 간 사진 신부나 1960년대 독일로 일하러 간 간호사나 또는 일본이나 미국으로 일하러 가는 우리나라 여성들을 생각해 봐. 사진 신부들도 처음에는 정말 힘들었대. 말이 안 통하는 곳에서 일도 하고 자식도 길러야 하고 백인이 아니라고 차별도 받았기 때문에 고향에 있는 가족을 생각하며 눈물 흘린 날도 많았지. 우리 주위에 있는 이주 노동자와 결혼 이주자들은 이상한 사람들이 아니라 우리와 똑같은 사람이야.

10 장

국가 상징과 기념일

61

국기, 태극기

19세기와 20세기를 거치면서 많은 국가들이 다른 나라와 관계를 맺으면서 국기를 채택했어. 국기는 한 나라를 상징하는 표식으로 자리 잡았지. 미국의 경우 처음에는 13줄의 흰색과 붉은색 줄무늬 바탕에 왼쪽 위에 13개의 별을 그려 넣었어. 그다음 연방국으로 주가 추가될 때마다 별을 그려 넣어 오늘에 이르게 된 거야.

그러면 태극기는 언제 처음 쓰였고 누가 만들었을까? 우리나라에서는 1883년 1월 27일 태극기의 제정을 처음으로 반포했어. 제정된 국기를 8도와 4부에 알리라는 왕명이 내려졌지. 그런데 공식 발표가 있기 전 여기저기에서 태극기를 만들어 사용했다는 기록이 많아.

1875년 운요호 사건을 빌미로 1876년 2월 조일수호조약(강화도조약)이 강화도에서 일본에 의해 강압적으로 체결됐잖아. 이때 일본 대표단은 일본 전함 운요호가 강화도와 영종도를 불법 침략해 놓고는 "운요호가 일본 국기를 달고 있었는데 조선이 포격을 했다"며 항의했어.

그리고 "귀국도 속히 국기를 만들어 우리에게 한 벌 보내 달라"고 했대. 이를 계기로 조선에서도 다른 나라와 관계를 맺을 때 국기의 필요성을 알게 된 거야.

1882년 5월 22일에 조미조약을 맺을 때도 조선의 깃발이 미국 성조기와 함께 게양됐어. 그해 8월 14일에는 수신사로 일본에 간 박영효가 고베 숙소에 도착해 국기를 내걸었대. 이 밖에도 여러 곳에 국기를 사용했다는 기록이 있어.

태극기는 어느 한 사람이 만든 것이 아니고 1876년부터 1882년까지 나라를 상징하는 깃발이 필요할 때마다 내걸렸던 거야. 우리나라는 1876년 일본과 수호통상조약(강화도조약)을 맺은 뒤로 1882년 미국·영국·독일, 1884년 이탈리아와 러시아, 1886년 프랑스와 차례로 통상조약을 맺었어. 이때마다 태극기가 사용됐지.

현재의 태극기는 태극과 사괘가 합쳐진 태극사괘도야. 태극사괘도

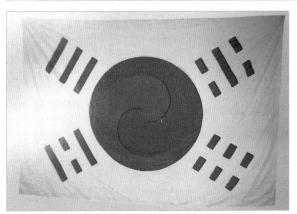

1890년 고종이 조선 정부의 외교 고문으로 일하던 미국인 데니에게 하사한 태극기래.

▲ 우리나라에 남아 있는 가장 오래된 태극기

는 사각형 흰색 바탕 안에 청홍색의 태극과 흑색의 사괘를 갖추고 있어. 태극은 음양의 순환을, 괘는 우주의 순환을 결합한 거야. 태극 문양은 조선시대에도 깃발에 사용했대.

외국에서 열린 박람회에 참가할 때에도 태극기는 중요한 역할을 했어. 1893년에 조선이 처음으로 시카고 만국박람회에 참가했는데 이 박람회장에 태극기를 달았지. 1900년 파리 만국박람회에서도 태극기가 대한제국을 대표하는 이미지로 홍보됐어.

태극기는 점차 중요한 행사 때 게양되어 자리를 잡아갔어. 1897년에 고종이 대한제국 선포식을 하러 원구단으로 나아갈 때 태극기를 앞세웠고, 명성황후의 국장 행렬에도 태극기가 대대기로서 행렬의 한 자리를 차지했지. 태극기는 국가 경축일에 민가에 걸도록 했고, 학교 운동회 때도 게양됐어. 1906년에 각 지방에서 의병들이 일어나 국권 상실에 항거할 때에도 태극기를 갖고 있었대.

일제강점기에는 태극기가 애국심의 상징으로 쓰였지. 독립운동 단체들은 항상 태극기와 함께했고, 1919년 3·1운동이나 1926년 6·10 만세운동 때도 사람들은 태극기를 들고 만세를 외쳤어. 1945년 8월 15일 해방 이후 거리로 쏟아져 나온 군중은 종이 태극기를 들고 있었어. 급히 모양만 적당히 만든 태극기를 들고 나오거나 아예 일장기에 푸른 물을 들이고 사괘도 그리지 못한 종이 깃발을 들고 나오기도 했지.

해방 뒤 각종 우표와 엽서의 도안에 태극기가 사용됐어. 그리고 1946년 1월 14일 오전 10시, 군정청 앞에서 드디어 태극기 게양식이 거행됐지.

1948년 8월 15일 정부 수립 때 중앙청에 태극기가 걸린 모습이야.

▲ 태극기 게양

1948년 9월 국회 본회의에서 국기에 대한 논의가 있었어. 국기 제정이 시급하다고 주장하는 국회의원도 있었고, 남북이 분단된 상황에서 국기를 제정하면 통일에 어려움을 줄 것이라고 주장하는 국회의원도 있었지. 결국은 국기에 대한 결론을 내리지 못했어.

1949년 1월 초 이승만 대통령은 "국기를 제정하여 전 국민이 통일되고 정확한 국기를 쓰도록 조처하라"고 총무처에 지시했어. 1949년 10월 15일 문교부 고시 제2호로 국기제작법이 발표됐어. 국기로서의 태극기의 공식 도안이 결정되고 난 뒤에도 사람들은 예전에 만들었던 방식으로 태극기를 그렸어. 이에 교과서의 첫 장에 태극기 작도법을 넣고 교과과정에 태극기에 대한 질문들을 넣어 정확하게 그리도록 교육시켰지.

태극기는 해방 공간 모든 거리에서 사람들의 감격과 분노, 격정과 기쁨을 표현하는 수단이었어. 태극기는 일제강점기에 금지된 이래 독립의 상징이자 민족의 상징으로 여겨졌거든.

62

나라꽃, 무궁화

대한제국은 오얏꽃을 나라 안팎의 공식 자리에서 나라의 상징으로 사용했어. 반면 무궁화 문양은 태극이나 오얏꽃처럼 자주 활용되지 않았지. 1895년에 제정된 육군 복장이나 훈장에 무궁화 문양이 조금씩 사용됐대. 그러다 1900년 문관 대례복을 서구식으로 바꾸면서 가슴에 크게 무궁화를 수놓았어.

정식 국화도 아닌 무궁화가 어떻게 국가를 대표하는 상징물로 사용된 걸까? 무궁화는 언제나 '삼천리'라는 말과 함께 쓰였어. 국토를 상징하는 꽃으로 인식됐지. 곧 무궁화는 우리 땅과 영역을 표시해 주는 꽃으로 여겼던 거지. 1890년대 사립학교에서는 '무궁화 노래'가 유행했다는구나. 아래 노래는 배재학당 학생들이 지어 부른 무궁화 노래야. 여기에 '무궁화 삼천리 화려강산'이라는 말이 나와.

성자신손 오백 년은 우리 황실이요

▲ 무궁화 수 지도

산고수려 동반도는 우리 본국일세

무궁화 삼천리 화려강산

대한 사람 대한으로 길이 보전하세

위의 노래와 비슷한 무궁화 노래는 여러 곳에서 태극기 게양과 함께
불렸어. 대한제국은 오얏꽃을 국화로 사용했지만 민간에서는 오얏꽃
을 황실의 꽃으로 여기고 대신 무궁화를 나라꽃으로 여겼던 거야.

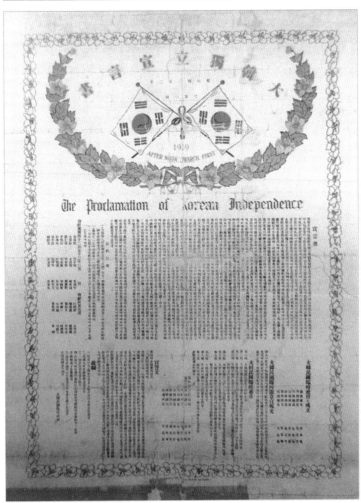

▲ 임시정부가 발행한 독립선언서에 나와 있는 태극기와 무궁화

3·1 독립선언서 전문과 임시정부의 각료 명단, 임시 헌장, 선언문, 정강 따위가 함께 실려 있어.

일제강점기에 무궁화는 우리 민족, 우리나라의 꽃으로 인식됐어. 이는 한용운이 옥중에서 썼던 「무궁화를 심고저」라는 시에도 잘 드러나 있어.

달아 달아 밝은 달아

네 나라에 비춘 달아

쇠창을 넘어와서

나의 마음 비춘 달아

계수나무 베어내고

무궁화를 심고저

(한용운, 『한국대표시인 101인선집 - 만해 한용운』, 문학사상, 2005, 167쪽)

계수나무 대신 무궁화를 심겠다는 시인의 의지를 표현하고 있어. 아래 글에서도 누구라도 나라꽃을 물으면 무궁화라고 대답할 것이라고 말하고 있네.

장미는 영국의 국화로, 앵화는 일본의 국화로 그 나라 사람에게 한없는 총애를 받고 있다. 우리 조선 사람은 어떤 꽃을 사랑하였으며 우리의 국화로 숭배하였는가? 아니 사랑하며 숭배하고 있는가? 이에 대하여는 삼척동자라도 '무궁화'라고 할 것은 더 말할 필요가 없다. 그리하여 '무궁화동산'이라 하면 누구나 우리의 삼천리강산을 의미한 것인 줄 안다.(우호익, 「무궁화고 (考) 상」, 『동광』 13호, 1927)

이런 까닭에 해방 뒤 남북한 모두 무궁화 문양을 사용하게 된 거야. 북한에서는 해방 1주년 기념으로 발행된 우표에 태극기와 무궁화를 그려 넣었어. 남한에서 발행된 우표들에도 무궁화 문양이 많이 쓰였어. 또 경찰복 견장이나 단추에 문양으로 쓰이기도 하고, 담배 이름이나 열차 이름 따위로도 쓰였지.

그런데 우리나라는 1949년 국기 제정 때 국기봉을 무궁화의 꽃봉오리 형상으로 만든다고 규정했을 뿐 무궁화를 나라꽃으로 정식 규정한 발표는 없었어.

63

나라를 사랑하는 노래, 애국가

애국가를 국가로 제정하여 전 국민에게 보급시킬 것을 제안한 단체는 독립협회였어. 독립협회는 〈독립신문〉을 통하여 국가 제정을 제안하고 애국가 부르기 운동을 펼쳤지.

애국하는 것이 학문상에 큰 조목이라. 그런고로 외국에서는 각 공립학교에서 매일 아침에 학도들이 국기 앞에 모여서서 국기에 대하여 경례를 하고 그 나라 임금의 사진을 대하여 경례를 하며 만세를 날마다 부르게 하는 것이 학교 규칙에 제일 긴한 조목이요 (…) 우리 생각에는 조선 정부 학교에서들 국기를 학교 마당 앞에 하나씩 세워 매일 학도들이 그 국기 앞에 모여 경례하고 애국가 하나를 지어 각 학교에서 이 노래를 아침마다 다른 공부 하기 전에 여럿이 부르게 하고⋯⋯(〈독립신문〉, 1896년 9월 22일)

독립협회가 국가 제정과 보급을 기획한 까닭은 다른 나라가 대한제국을 무시하지 않을 것이라고 내다보았기 때문이야.

그렇다면 애국가 부르기 운동은 어떻게 전개됐을까? 각종 집회에서는 '애국가 부르기'를 식순에 넣었어. 1896년 11월 21일 독립협회가 주최한 독립문 정초식 행사에 5,000~6,000명이 참가해 성대한 식을 치렀어. 이때 식순은 예식, 축사, 학생들의 애국가 노래와 체조, 다과회 순서로 진행됐어.

애국가는 나라를 사랑하는 모든 노래를 지칭했어. 애국가는 말 그대로 '나라를 사랑하는 노래'라는 뜻으로 누구라도 이런 마음을 담아 부르면 애국가였지. 따라서 애국가란 이름으로 수많은 애국의 노래가 창작되고 불렸대. 그 가운데 일부가 널리 퍼졌던 거야. '성조기여 영원하라'(미국), '라 마르세예즈'(프랑스), '신이여 여왕을 보호하소서'(영국)처럼 나라마다 국가의 제목이 있잖아. 노래 제목 대신에 '애국가'라고 부른 까닭은 이런 상황에서 유래한 거야.

앞에서도 말한 무궁화 노래의 후렴은 놀랍게도 오늘날 애국가의 후렴과 똑같아. 이는 애국가가 무궁화 노래의 후렴을 빌렸기 때문이야. 그런데 이 노래도 그 이전에 불렸던 노래들에서 영향을 받았어. 무궁화 노래 형태의 애국가는 서로 영향을 주고받으며 지어졌으므로 공동 창작 가사인 셈이지.

1902년 고종 황제는 국기, 군기 제정과 더불어 대한제국 국가를 제정하라고 명했어. 이 작업에 프란츠 에케르트(Franz Ecket)가 참여했는데, 그는 1901년 2월 초대 군악교사로 독일에서 초빙해 온 악대 지도자였어. 그는 일본 국가 제정에 참여한 경험도 있었거든. 1902년 8월 15

일에 드디어 대한제국 국가가 제정됐어. 가사는 "하느님 우리 황제를 도와주소서. 황제께서는 만수무강하시어 해옥주를 산같이 쌓으시고, 황제의 위엄과 권세가 온 천하에 떨쳐, 영원무궁하게 행복하게 하소서, 하느님 우리 황제를 도와주소서"라는 내용이었어.

그러나 1910년 8월 한일병합으로 대한제국 애국가는 금지곡이 되고 말았지. 더불어 조선총독부는 불온 창가와 반체제 노래로서 모든 애국가를 금지시켰어.

처음 애국가의 가사에 붙여진 곡조는 스코틀랜드 민요 「올드 랭 사인(Auld lang Syne)」이었어. 해방 뒤에도 여전히 이 곡조에 맞춰 불렀지. 맨 먼저 애국가를 공식화한 것은 1945년 8월 16일 중앙방송국이었어. 미군이 진주한 뒤 모든 공식 모임에서 '조선애국가'라는 이름으로 연주되면서 널리 알려졌지. 안익태 작곡의 애국가가 국내에 전해진 것은 1946년 봄이었어.

애국가 작사가가 과연 누구냐는 끝없는 물음에 등장하는 사람은 민영환, 안창호, 윤치호 등이야. 그런데 여전히 애국가의 작사가가 밝혀지고 있지 않아. 왜 그럴까? 앞에서 애국가는 말 그대로 나라를 사랑하는 노래라고 했잖아. 1890년대에 민족국가 수립이라는 과제를 두고 여러 단체와 지도자들은 아리랑처럼 "무궁화 삼천리 화려강산 대한 사람 대한으로 길이 보전하세"라는 후렴을 넣어 애국가로 말하며 노래를 불렀어. 1,000수가 넘게 불려서 입에서 입으로 전해 내려온 아리랑의 작사가를 알 수 없는 것처럼 애국가도 애국가 부르기와 만들기 운동을 전개했던 많은 사람이 작사가야. 그런 까닭에 오늘날에도 애국가를 누가

지었는지 알 수 없는 거야.

1948년 9월 국회 본회의 때 '국가와 국기에 관한 건의안'이 제기되어 국가에 대한 논의가 있었어. 애국가와 국가는 다르므로 새로 제정하자는 주장도 있었고, 애국가가 이미 국가라는 주장도 나왔지. 결국 국기 제정과 마찬가지로 뚜렷한 결론을 내리지 못했어.

1948년 대한민국 정부가 수립된 뒤 현재의 가사와 함께 안익태가 작곡한 곡조의 애국가가 정부의 공식 행사에 사용되고 교과서에서 실리면서 공식 국가로 불리게 됐대.

64

___ 신정과 구정

_____ '민족의 대이동' 또는 '귀성 전쟁'으로 비유되는 귀성 문화는 1960년대부터 시작된 산업사회의 한 모습을 보여주지. 요즘에는 자식들을 보러 도시로 올라오는 부모들이 많다지만 여전히 설날이나 추석이면 도로가 주차장을 방불케 할 정도로 고향으로 내려가는 사람이 많아.

근대사회에서는 지역에 따른 특성이나 명절들 간의 관계를 전혀 고려하지 않고 설을 신년 의례로, 추석을 수확 의례로 표준화시켰어. 근대 산업사회에서 시간은 곧 생산성과 연결되므로 설에서 정월 대보름까지 이어지는 장기간의 명절을 쇠는 전통을 계승하거나 지역에 따라 제각기 추석 또는 중양절을 선택하여 가을 명절을 쇠도록 하는 것은 불가능하지. 표준화된 질서 체계를 확립하는 정책이 법정 공휴일 제도야. 법정 공휴일 제정은 근대사회에서 국가가 시간을 통제 관리하고자 하는 의도에서 비롯된 거야.

고향에 내려갈 기차표를 예매하기 위해 새벽부터 서울역에서 진을 치고 있는 모습이야.

▲ 귀성 전쟁

음력은 달의 차고 기움을 기준으로 달을 나누고, 계절의 변화를 기준으로 해를 나누는 역법이야. 오랫동안 우리네 삶의 질서를 일구어온 시간 체계였지. 일할 때와 놀 때, 신에게 제사를 올릴 때를 정하는 시간 체계는 모두 음력이었어.

근대사회로 들어오면서 사회에서는 음력 중심의 시간 체계 대신 서구의 태양력 중심의 시간 체계를 중심으로 생활 질서를 통제하기 시작했어. 1896년 1월 1일 김홍집 내각이 처음 음력을 폐지하고 양력을 새로운 시간 체계로 선포했지. 일제강점기에 조선총독부는 시간을 독점 관리하고 통제했어. 이때 쟁점은 양력과 음력이었어. 1910년대부터 일제가 양력을 사용하고 음력 폐지를 유도하면서 1920년대 후반에 이르면 음력폐지론이 공공연하게 조선인 사회 내부에 등장했지. 음력폐지론의 초점은 음력설을 향하고 있었거든. 일제강점기부터 1980년대까지 음력설은 버려야 할 과거 문화로 여겨졌어. 음력설을 구정, 양력설을 신정이라 칭하고 구정을 버려야 할 구습으로 치부했잖아. 보건사회부에서는 음력설을 버리고 양력설을 추진하는 목적을 이렇게 설명했어.

문화민족으로서 과학적인 생활을 영위하기 위하여 비과학적이며 부패한 미신 행위의 근원이 되는 불합리한 음력을 폐지하고 세계만방이 통용하고 있는 양력을 전용함으로써 우리 생활을 과학적이며 시시각각으로 향상 발전하는 신사상, 신문화의 조류에 호응할 수 있는 방향으로 계몽함을 목적으로 한다.(편집부, 「이중과세를 타파하자」, 『새살림』 1957년 신년호)

양력설을 주장하는 명분은 '문명한 나라에서는 모두 양력을 쓴다', '모든 선진 국가는 신정을 쇠는 것이 상식이다', '음력은 비과학적이다', '음력은 미신이다' 따위였어. 일제강점기와 마찬가지로 1950년대에도 정부는 음력설을 쇠지 못하도록 단속했지. 1960년대에는 증산과 수출, 성장과 발전이라는 명분을 내걸고 구정 공휴일을 인정하지 않는 정책을 시행했어. 1970년대에는 근대화 및 근검절약을 주입하면서 역시 구정 공휴일 불가론을 펼쳤지. 심지어 정부에서는 구정 대신 신정을 법정 공휴일로 제정했어.

하지만 서민들은 여전히 음력설을 고수했단다. 정부의 시책은 음력설을 양력설로 전환시키는 데 실패하고 오히려 음력설과 양력설로 나뉘어 두 차례에 걸쳐 설을 지내는 결과를 낳았지.

〈양력과세(설을 쇰) 안 한다〉

몇 해를 두고 면사무소와 경찰지서원에 의하여 양력과세를 해야 한다는 계몽선전이 있었으나 올해에는 웬일인지 그러한 이야기가 드물어 국기를 게양하는 집마저 보이지 않는다.

할머니 D : '일본놈이 하던 걸 왜 해야 되나'

농부 A : '절후가 맞지 않으니 곤란'

제대 군인 C : '음력과세 하거나 양력과세 하거나 이런 일에 지나친 간섭 말고 정치나 깨끗이 할 일이지'

국민교원 B : '글쎄요, 오랜 습관이 하루아침에 잘 고쳐지겠습니까'

이 밖에 또 '남이 모두 안 하는 걸 혼자서 할 수 없다'는 등으로 오늘의 농촌도 해동할 무렵의 음력 초하룻날을 쌀밥과 밀주와 약간의 건어 등으로 즐기기로 한 것 같다.(〈한국일보〉, 1956년 1월 9일)

정부의 음력설 폐지라는 강력한 입장에도 불구하고 국민의 여론을 이끌어내지 못해 결국에는 1985년 음력설이 '민속의 날'이란 이름으로 공휴일로 지정됐어. 1989년에는 민속의 날이란 낯선 명칭 대신 우리

고유의 명칭인 '설'을 되찾게 됐지. 일제강점기부터 1985년까지 85년 동안 강력한 정책이 시행됐지만 양력설은 자리 잡지 못했어. 이제 음력설이 우리의 설날이지.

다른 것은 다 바뀌었는데 유독 음력설만큼은 고집했던 이유는 무엇일까? 영국의 역사학자 에릭 홉스봄(Eric Hobsbawm)이 "역사적 사건을 기념하는 기념 의례나 기념 투쟁은 하나의 역사적 상징을 새롭게 만들어가는 과정"이라고 했는데, 새해 새 출발 하는 '설'만큼은 서민들의 뜻대로 하고 싶었던 것이 아닐까.

65

어린이날

'어린이'라는 말은 1920년대 들어 방정환이 정착시키면서 널리 쓰이기 시작했어. 방정환은 아동문학가로서 우리나라 첫 아동 잡지『어린이』를 발간하고 어린이 단체도 만들었지. 동화를 재미있게 들려주는 것으로도 유명해서 지방마다 돌아다니며 어린이들에게 동화를 들려주었대.

그가 어린이에게 관심을 갖게 된 계기는 천도교의 영향이야. 천도교는 '어린이'를 새롭게 정의하고 어린이운동을 전개하는 데에 큰 영향을 미쳤어. 모든 인간은 평등하고 존중받아야 한다는 천도교의 사상 속에서 어린이의 인권에 대한 요구가 가능해졌지. 천도교에서는 아이를 때리는 것은 곧 한울님을 때리는 것이므로 아이를 소중히 다루어야 한다고 말했어. 방정환은 천도교를 믿는 사람이었고, 이런 생각에 뜻을 같이했던 거야.

방정환이 생각한 '어린이'는 티 없이 맑고 순수하며 마음껏 뛰놀고

걱정 없이 지내는 그런 모습이었어. 그런데 불행히도 우리나라는 일제에 나라를 빼앗기고 암울한 삶을 살아가던 시기였지. 그때 어린이들의 실제 모습은 방정환이 생각한 것과 많이 달랐어. 그때에는 의무교육이 시행되지도 않았고 교육을 받는 어린이도 많지 많았어. 대개의 어린이들은 농사일을 하거나 도시로 나가 공장에서 일을 했지.

비록 현실이 가혹할지라도 어린이들에게 꿈을 심어주기 위해 어린

▲ 어린이날 기념 포스터

이날이 만들어졌대. 천도교소년회는 1922년 5월 1일을 어린이날로 선포했지. 1923년 5월 1일 첫 어린이날 행사가 천도교당에서 열렸어. 기념식 뒤 200명의 소년들이 경성 시내를 4구역으로 나누어 집집마다 아래와 같은 선언문 12만 장을 배포했어. 그 뒤 어린이날은 전국에서 열리는 기념행사로 발전됐지.

〈취지〉

젊은이나 늙은이는 일의 희망이 없다. 우리는 오직 나머지 힘을 다하여 가련한 우리 후생 되는 어린이에게 희망을 주고 생명의 길을 열어주자.

〈소년운동의 기초 조건〉

1. 어린이를 재래의 윤리적 압박으로부터 해방하여 그들에게 대한 완전한 인격적 예우를 허하게 하라.

2. 어린이를 재래의 경제적 압박으로부터 해방하여 만 14세 이하의 그들에게 대한 무상 또는 유상의 노동을 폐하게 하라.

3. 어린이 그들이 고요히 배우고 즐거이 놀기에 족한 각양의 가정 또는 사회적 시설을 행하게 하라.

(정인섭, 『색동회 어린이 운동사』, 휘문출판사, 1981, 53쪽)

이 선언문은 장유유서에 찌든 옛 질서와 어린이 노동으로 대표되는 압박을 없애고 배우고 놀 수 있는 권리를 주장하고 있어. 사실 이 선언문은 인권선언과 비슷해. 그만큼 어린이운동은 일제강점기 다른 사회운동과 마찬가지로 뚜렷한 목표를 갖고 있었지. 곧 어린이를 깨우치고 그들에게 권리를 부여해서 미래를 이끌 주체로서 길러내는 일이 식민지시대 어린이운동의 가장 중요한 목표였어.

어린이날은 '새싹이 돋아난다'는 의미로 새싹이 돋아나는 5월 1일로 정해 1923년 처음으로 기념행사를 했대. 1927년부터는 5월 첫 번째 일요일로 날짜를 바꾸어 치렀지. 그런데 어린이날이 해가 갈수록 규모가 커지자 일제는 행사를 금지시켰어. 어린이들이 참가하지 못하도록 일요일에도 학교에서는 수업을 했대.

해방 뒤 첫 어린이날 기념식은 1946년 5월 5일 오전 11시부터 휘문중학교 교정에서 어린이날 전국준비위원회와 어린이날 서울시준비위원회 공동 주최로 거행됐어. 천도교소년회, 조선소년운동중앙협의회 등 18개 소년 단체에서 수천 명이 참석했지. 이 자리에서 4명의 남녀 어린이가 다시는 집도 말도 빼앗기지 않고 새날 새 조선의 주인으로서 열심히 배우겠다는 「소년소녀의 선서문」을 낭독했어.

우리는 왜족에게 짓밟혀 말하는 벙어리요 집 없는 사람이었습니다. 그러나 이제는 우리 집과 우리 글을 찾기로 맹세합니다.

우리는 새 조선 건설의 일꾼이요 새날의 임자인 것을 스스로 깨닫습니다.

우리는 또다시 집도 빼앗기지 않고 말도 잃지 않기로 굳게 기약합니다.

우리는 왜적으로 해서 다른 나라 어린이보다 너무도 뒤졌습니다. 우리는 배우고 또 배워서 다른 나라 동무들보다 앞서가는 사람이 되겠습니다.

우리는 또다시 조선의 어린이인 것을 잊지 않고 단단하고 끈끈하게 뭉치겠습니다.(《현대일보》, 1946년 5월 6일)

일제강점기에는 '어린이날' 알리기, 어린이도 인격을 갖고 있음을 알리는 데 힘썼어. 해방 뒤에는 어린이들이 참가하여 희망이나 포부 따위를 말하고, 모범 어린이를 표창하거나 음악·무용·사생·백일장 같은 대회를 열었지.

해방 뒤 첫 어린이날인 1946년 첫 번째 일요일이 5일이어서 그 뒤부터는 요일에 관계없이 5월 5일을 어린이날로 정한 것이 오늘에 이르게 됐단다.

▲ 1951년에 열린 어린이날 기념식

66

어버이날

5월 8일은 어버이날이잖아. 어버이날의 역사는 그리 오래되지 않았어. 1973년에 시작됐거든. 부모에게 효도하고 웃어른을 공경한다는 뜻에서 '어버이날'로 불렸지.

박정희 대통령은 "동양사상의 근본은 충과 효다. 충은 국가에 대한 충성이고, 효는 부모를 잘 섬기는 효"라고 말했어. 그런데 왜 '충'과 '효'를 강조했을까? 박정희 대통령은 경제성장을 우선시하면서 국민들의 다양한 주장을 힘으로 억눌렀어. 하지만 뼈 빠지게 일해 봤자 하루 세 끼 입에 풀칠하기도 어려웠고 민주주의를 바라는 사람도 많았어. 이런 불평과 불만을 잠재우는 한 방법으로 부모에게 효도하는 것처럼 국가에도 충성하라고 강조했던 거야.

길거리의 담벼락, 집과 빌딩의 문, 학교와 관공서의 꼭대기 층마다 '충효'라는 글자를 내걸었지. 또한 전통 예절과 생활 예절이란 말을 강조하는 한편 '예절의 달'을 정해 국민예절운동, 경로운동, 가훈짓기운동 따위를 벌였어.

어버이날은 원래 '어머니날'이었어. 1955년 8월 국무회의에서 5월 8일을 어머니날로 정하고 1956년 5월 8일 제1회 어머니날 행사를 치렀지. 하지만 이때에 어머니날을 처음으로 기념했던 것은 아니야. 국가가 주도하는 전국 단위의 어머니날은 없었지만 일제강점기부터 소년 운동 단체에서 작은 규모로 어머니날 행사를 열었지. 이를 기념하는 행사가 열린 때는 1928년(5월 둘째 일요일)이었어. 말 그대로 소년소녀들이 어머니의 고마움을 기리고 위로하는 날이었지. 그때부터 30년 가까이 5월이 되면 기독교 단체나 여성 단체들이 나서서 어머니날 행사를 열곤 했어.

국가가 나서서 어머니날을 만든 까닭은 어머니인 여성에게 사부심을 심어주면서 다른 모든 여성에게 어머니가 되어 자식을 훌륭하게 기르라고 가르치기 위해서야. 한국전쟁으로 10만 명가량의 전쟁고아, 30만 명이 넘는 전쟁미망인과 그이들이 홀몸으로 돌보아야 할 100만 명이 넘는 아이들, 부상으로 활동 능력을 잃은 아버지들이 생겼어. 이들에 대한 국가의 복지 정책은 있으나 마나 한 형편이었지. 그러다 보니 아이들을 기르고 먹여 살리는 일은 여성들이 도맡아야 했어. 어머니날 행사는 그런 어머니의 책임을 강조하는 방편이었지.

어머니날에는 기념식, 어머니날 노래 보급, 카네이션 달기 같은 행사와 함께 '장한 어머니'로 뽑힌 여성들에게 상장과 상품을 주었어. 창경궁에서 열린 '제1회 어머니날' 행사에는 이승만 대통령의 부인 프란체스카가 참석해 전국에서 뽑힌 어머니 37명에게 표창장과 함께 광목

▲ 어머니날 기념식

을 나누어주었대. 장한 어머니들은 혼자서 아이들 교육에 힘쓴 어머니, 한국전쟁 때 3명 이상의 아들을 군에 보낸 어머니, 10명이 넘는 아이를 낳은 어머니, 세쌍둥이 또는 네쌍둥이를 낳고 기른 어머니, 널리 알려진 운동선수·음악가·고시 수석 합격자의 어머니, 여성 단체 간부, 고아원 원장 같은 여성들이었어. 그때는 부모님이 돌아가셨으면 하얀색, 살아 계시면 빨간색 카네이션을 달았다는구나.

  '어머니날'이 '어버이날'로 바뀌면서 어머니의 책임보다 자녀들의 의무가 강조됐어. 이는 유신 체제와 관계 있어. 아래 기사는 그 변경 이유를 분명하게 밝히고 있지.

어버이에 대한 자식 된 도리로서의 '효'의 개념적 및 실천적 대상은 어버이여야 할 것이며, 사회적인 어버이 격인 노인에 대한 실천적인 '경로'도 그 성별에 따라 차별해서는 안 될 것이라 생각되기 때문이다. 어떻든 문제는 '어버이날'을 우리나라의 전래적 미풍양속인 '효'와 '경로'를 진작 부흥케 하는 데 큰 뜻을 갖는 날로 되게 하는 데 있을 것이다.(《조선일보》, 1973년 5월 8일)

'어버이날'로의 변경은 효와 경로사상을 전 국민을 상대로 교육해 그 실천을 높이려는 데 목적이 있었어. '효'의 강조는 전통 가치에 기대어 가부장의 권위를 높일 수 있었지. 그리고 가부장에 대한 효는 국가에 대한 충성으로, 나아가 유신 체제의 정당화로 이어졌거든. 가부장에 대한 섬김은 국가의 안정과 행복을 위해 국가의 가부장인 대통령이 국민의 기본권을 제한할 수 있다는 논리를 정당화했지.

67

메이데이

매년 5월 1일은 '세계 노동자의 날'로 '메이데이'(노동자의 날)라고도 부르잖아. 이날은 우리나라뿐만 아니라 세계 여러 나라에서 메이데이 행사를 치른단다. 노동자의 날은 어떻게 시작됐을까?

1886년 미국노동총동맹은 하루의 노동 시간을 8시간으로 줄이기 위해 5월 1일 총파업을 결의했어. 미국 전 지역에서 34만 명의 노동자가 시가행진에 참가했고, 19만 명이 파업에 참가했지. 행사는 평화롭게 진행됐어. 그런데 5월 3일 '맥코믹 농기계 공장'에서 농성 중인 노동자들에게 경찰이 총을 쏘아 6명이 죽었단다. 다음 날 노동자들은 '헤이마켓 광장'에서 항의 집회를 열었는데, 경찰이 해산을 명령하자 갑자기 폭탄이 터져 사상자들이 발생했어. 이때 경찰은 집회를 못하게 하고 노동운동 지도자들을 검거했는데, 이 가운데 5명은 교수형, 3명은 장기형을 선고받았어. 교수형을 선고받은 5명 중 1명은 사형 집행 전날 자살을 했고, 4명은 사형 집행으로 죽었어.

이들을 기리고 정신을 이어받기 위해 제2 인터내셔널(국제노동자협회)에서는 1890년 5월 1일부터 "모든 나라 모든 도시에서 함께 1일 8시간 노동의 확립을 공개적으로 요구하는 대규모 국제 시위를 조직한다"라고 결의했어. 이때부터 메이데이가 전 세계에서 시작된 거야.

이후 1893년 일리노이 주지사는 헤이마켓 사건에 관한 재판 기록을 읽고 분석하여 8명의 피고가 무죄라는 것을 입증했대.

우리나라에서는 1923년 조선노동연맹회와 그 산하단체가 메이데이 기념행사를 준비했어. 서울의 각 노동단체와 연락해 5월 1일 각 공장노동자들이 1일 동맹파업을 하기로 결정했어. 그래서 장충단에 모여서 '노동 시간 단축', '임금 인상', '실업 방지' 따위를 주장하고 시위 행진을 하기로 계획했지. 조선총독부는 장충단에 경찰을 보내 노여느는 노동자들을 잡아들여 기념행사를 막았대. 이 때문에 서울에서는 2,000여 명의 노동자가 서울 중앙기독교 청년회관에 모여 기념 강연을 듣는 것으로 그쳤단다.

1946년 5월 1일, 해방 뒤 처음 맞는 메이데이였지. 서울에서는 조선노동조합전국평의회가 중심이 되어 서울운동장 야구장에서 20만 명의 노동자가 참가해 메이데이 기념식을 치렀어. 서울뿐만 아니라 전국 곳곳에서 메이데이 기념식이 치러졌는데, 노동자들은 플래카드를 들고 '쌀과 직업을 다오', '공장 폐쇄, 해고 절대 반대', '실업자에게 직업을 다오', '8시간 노동제를 즉시 실천하라', '생활을 보장할 수 있는 최저 임금제를 실시하라' 따위의 구호를 외치면서 시가행진을 벌였어.

그런데 1957년 5월 22일 이승만 대통령은 "메이데이는 공산 괴뢰

▲ 3월 10일로 바뀌어 치러진 노동절 포스터

도당들이 선전의 도구로 이용하고 있으니만치 반공하는 우리 대한의 노동자들이 경축할 수 있는 참된 명절이 제정되도록 하라"고 지시했어. 이에 따라 대한노총은 1958년 11차 전국 대의원 대회에서 대한독립촉성노동총연맹의 결성일인 3월 10일을 노동절로 정했지.

박정희 대통령은 '노동절'이라고 부르는 것도 마땅치 않았어. 그래서 1963년 4월 17일 '근로자의 날 제정에 관한 법률'을 만들어 이름을 '근로자의 날'로 바꿨지. 근로자라는 용어는 1940년대 일제가 자주 썼던 말이야. 일제는 이 말을 천황과 일제를 위해 봉사하며 열심히 일한다는 뜻으로 썼어.

메이데이로 다시 쓰게 된 때는 1989년이야. 노동자들은 1989년 메이데이 100회를 앞두고 '노동절은 세계 노동자의 연대와 해방의 날'이라고 선언하고 전국에서 동맹파업, 거리 시위를 벌였어. 그 결과 1993년 5월 1일부터 정부의 탄압을 받지 않고 노동자의 날 집회를 열게 됐지. 1994년 정부는 3월 10일이 아닌 5월 1일을 노동자의 날로 개정했어. 이로써 노동자들은 마침내 메이데이의 합법성을 쟁취했지.

❖ 참고한 곳

- 국사편찬위원회 홈페이지(http://history.go.kr)
- 국가기록원 홈페이지((http://archives.go.kr)
- 관세청 홈페이지(http://customs.go.kr)
- 한국역사정보통합시스템(http://koreanhistory.or.kr)
- 한국 영화데이터베이스(http://kmdb.or.kr)
- 일간신문 - 〈경향신문〉, 〈독립신보〉, 〈동아일보〉, 〈매일신보〉, 〈부산일보〉, 〈서울신문〉, 〈조선일보〉, 〈한겨레〉, 〈한국일보〉, 〈현대일보〉, 〈제남신문〉
- 잡지-『동광』, 『새살림』, 『신태양』, 『실업조선』, 『여성계』, 『여원』

- 경찰청, 『경찰 반세기 그 격동의 현장』, 2001
- 공보실, 『대한민국 정부 기록사진집』 제1권, 1999
- 공보처, 『대통령 이승만 박사 담화집』, 1953
- 교통부, 『교통통계연보』, 해당연도
- 국사편찬위원회, 『20세기 여성, 전통과 근대의 교차로에 서다』, 두산동아, 2007
- 국정홍보처, 『대한민국 정부 기록사진집』 제2권, 1999
- 국정홍보처, 『대한민국 정부 기록사진집』 제3권, 2000
- 국정홍보처, 『대한민국 정부 기록사진집』 제5권, 2001
- 국정홍보처, 『대한민국 정부 기록사진집』 제8권, 2004
- 내무부, 『새마을운동』, 1987
- 노동부, 『노동통계연감』, 해당 연도
- 독립기념관, 『독립기념관 전시품 요록』, 1987
- 문교부, 『문교 40년사』, 1988
- 문화공보부, 『문화공보 30년』, 1979
- 문화공보부, 『정부수립 40년』, 1988
- 법무부 출입국 · 외국인정책본부, 『2013 출입국 외국인 정책 통계연보』, 2014
- 보건부, 『1950년 보건통계연보』, 1951
- 보건사회부, 『1955-1957년 보건통계연보』, 1958
- 보건사회부, 『보건사회통계연보』, 1962

- 보건복지부, 『2004년도 보건복지통계연보』, 2004
- 조선은행 조사부, 『경제연감』, 1949
- 중앙선거관리위원회, 『대한민국선거사』 제1집, 1973
- 중앙선거관리위원회, 『대한민국선거사』 제4집, 2009
- 충청북도, 『사진으로 본 도정 45년사 － 맥 45』, 1993
- 통계청, 『통계로 본 광복 전후의 경제·사회상』, 1993

- 강성현, 「한국전쟁기 한국정부와 유엔군의 피난민 인식과 정책」, 서중석 외, 『전장과 사람들』, 선인, 2010
- 김도균, 「민족과 국경을 넘은 아리랑 － 정전협정 조인식에서 남북은 왜 아리랑을 연주했을까」(http://ohmynews.com)
- 김득중, 「제헌국회의 구성과정과 성격」, 성균관대학교대학원 석사학위 논문, 1993
- 김민환, 「한국의 국가기념일 성립에 관한 연구」, 서울대학교대학원 석사학위 논문, 2000
- 김아람, 「1950년대 혼혈인에 대한 인식과 해외 입양」, 『역사문제연구』 제22집, 2009
- 김영희, 「한국의 라디오시기의 라디오 수용현상」, 『한국언론학보』 제47권 1호, 2003
- 김지혜, 「1950년대 여성국극의 공연과 수용의 성별 정치학」, 『한국극예술연구』 제30집, 2009
- 김호연, 「한국 근대 악극 연구」, 단국대학교대학원 박사학위 논문, 2003
- 노동은, 「애국가 가사는 언제, 누가 만들었나」, 『역사비평』 제25호, 1994
- 동아일보사, 『사진으로 보는 한국 백년』, 1979
- 레이첼 카슨, 『침묵의 봄』, 에코리브르, 2011
- 마정미, 『광고로 읽는 한국 사회문화사』, 개마고원, 2004
- 문혜영, 「1950~1960년대 한국 영화포스터 이미지 연구」, 『한국근현대미술사학』 제19호, 2008
- 목수현, 『근대 전환기 국가 시각 상징물』, 서울대학교대학원 박사학위 논문, 2008
- 민족문제연구소, 『식민의 유산, 유신의 추억』, 2012
- 박황, 『창극사연구』, 백록출판사, 1976

- 반재식 · 김은신, 『여성국극왕자 임춘앵 전기』, 백중당, 2002
- 변재란, 『한국 영화사에서 여성 관객의 영화 관람 경험 연구』, 중앙대학교대학원 박사학위 논문, 2000
- 백원담, 「이병헌 팬싸이트를 통해서 본 동아시아대중문화 소통 현상 연구」, 『중국현대문학』 제30호, 2004
- 부산대학교 한국민족문화연구소 집필, 『기록으로 보는 생활사』, 국가기록원 기록정부서비스부, 2007
- 산업경제신문사, 『건국10년사』, 1958
- 서중석, 『대한민국 선거사 이야기』, 역사비평사, 2008
- 서중석 외, 『전장과 사람들』, 선인, 2010
- 서중석, 『사진과 그림으로 보는 한국현대사』, 웅진지식하우스, 2003
- 신영전, 「'의료민영화'정책과 이에 대한 사회적 대응의 역사적 맥락과 전개」, 『비판사회정책』 제29호, 2010
- 신중목, 『전환기에 선 농촌문제』, 국민교양협회, 1954
- 안종화, 『한국영화측면비사』, 현대미학사, 1998
- 안태윤, 「일제말 전시체제기 여성에 대한 복장통제:몸뻬 강제와 여성성 유지의 전략」, 『사회와 역사』 제74호, 2007
- 역사학연구소, 『교실밖 국사여행』, 사계절, 2010
- 역사학연구소, 『메이데이 100년의 역사』, 서해문집, 2004
- 염상섭, 「젊은 세대」, 『염상섭전집 8』, 민음사, 1987
- 이만갑, 『한국농촌사회의 구조와 변화』, 서울대학교출판부, 1973
- 이문구, 『우리 동네』, 민음사, 2003
- 이영미, 『한국대중가요사』, 시공사, 1999
- 이임하, 『여성, 전쟁을 넘어 일어서다』, 서해문집, 2004
- 이임하, 『계집은 어떻게 여성이 되었나』, 서해문집, 2004
- 이임하, 『한국 여성사 편지』, 책과함께, 2009
- 전경옥 외, 『한국여성문화사 2』, 숙명여자대학교출판국, 2005

- 정근식 · 최경희,「해방 후 검열체계의 연구를 위한 몇 가지 질문과 과제」, 『대동문화연구』 제74집, 2011
- 정승혜,『이동통신 광고의 사회문화사』, 고려대학교대학원 박사학위 논문, 2011
- 정영일,「한국농업의 현황과 당면과제」, 박현채 외,『한국농업문제의 새로운 인식』, 돌베개, 1984
- 정인섭,『색동회 어린이 운동사』, 휘문출판사, 1981
- 제일제당주식회사,『제일제당 30년사』, 1983
- 주창윤,「해방공간, 유행어로 표출된 정서의 담론」,『한국언론학보』제53권 5호, 2009
- 진덕규 외,『1950년대의 인식』, 한길사, 1981
- 한국기자협회,『보도사진연감』, 1972
- 한국농촌경제연구원,『식품수급표 1993』, 1994
- 한국일보사,『재계회고 1』, 1981
- 한용운,『한국대표시인 101인선집-만해 한용운』, 문학사상, 2005